SHODENSHA
SHINSHO

裸の資本論

――借金返済50億円から学んだおカネの法則42

村西とおる

JN110554

祥伝社新書

あなたさまと一緒に
おカネの意味を探す
「小さな旅」へ――

※本書は、２０１７年に刊行された『裸の資本論――借金返済50億円から学んだおカネの法則41』（双葉社）に１法則を加え、全体を修正して新書化したものです。

はじめに

「おカネとどう向き合うか」で、その人間の生き方が大きく変わります。戯曲『サロメ』などで知られるアイルランド出身の作家オスカー・ワイルドは、「若い時に自分は、カネこそ人生で最も大切なものだと思った。今、齢《とし》をとってみると、その通りだと知った」と語っています。

はたして「カネこそ人生で最も大切なもの」なのでしょうか。

この本の中で、その答えを求めてあなたさまと一緒に「小さな旅」をしてみたいと考えました。この旅の最後にどんな答えを手にすることができるのか、それはわかりませんが、僭《せん》越《えつ》ながら私の経験をお話しさせていただきます。しばしの間、お付き合いください。

中学三年の時、両親が離婚しました。姉二人と私と両親の五人家族でした。夫婦の諍《いさか》いの原因など、たとえ息子の私でもあずかり知らぬことです。まして当時十五歳の小僧だった私には本当の理由など見当もつかないことでした。が、ただ一つ、ハッキリわかっていることがあります。

父親に向かって息子の私が包丁を突きつけたことが、両親の離婚の引き金になったという事実です。戦前、父親は国鉄の機関士をしていました。二女を授《さず》かり、平凡ながらも幸福な生活を送っていました。が、日本人の多くの家庭と同じように、太平洋戦争が家族を取り巻く環境を一変させました。

父親は徴兵を受けて中国大陸の戦線に派遣され、一年二カ月を過ごしました。終戦となり復員してきた父親は、国鉄に戻らず「傘修理の行商人」となりました。当時の人は今のように傘を使い捨てにすることなく、破れたり折れたりしたものを、直して使っていました。

傘修理の行商は、私の知っている限りでは最もしんどい商売です。雨が降っても駄目、晴天が続いても駄目、という「お天道《てんとう》さま」に翻弄《ほんろう》される、ニッチもサッチもいかない商売です。収入も少なく、家族五人が食べるのがやっとの貧しい暮らしでした。子供心に、どうして父親はこんな呪《のろ》われたような仕事をしているのか、と不思議に思いました。

先の戦争で父親は五人兄弟のうち、三人の弟を戦死により失っています。母親もまた、たった一人の弟を特攻で失いました。そんな中で辛《かろ》うじて生還した父親が、戦場でどんな風景を目撃したのかはわかりません。戦争から帰って人が変わったように無口で不愛想になった、と母親は言っていました。

私が生まれたのは昭和二十三年です。日本が戦後の焼け野原から復興に立ち上がろうとしていた時期です。生まれ故郷の福島には常磐《じょうばん》炭鉱がありました。石炭は国の繁栄の源泉ともてはやされ、好景気に沸《わ》いたと言います。しかし昭和三十年代中頃を過ぎると、石炭の需要にも陰《かげ》りが見えてきました。石炭から石油へと産業構造の変革がなされたのです。

不景気は、父親の傘修理の仕事にも影響を与えました。働けど働けどなお、我が生活《くらし》楽にならざり、となり、父親は徐々に仕事にヤル気をなくし、競輪場に入《い》り浸《びた》りとなって、昼間から酒を浴びることが多くなりました。

おカネのことで両親の喧嘩《けんか》が絶えなくなりました。そして中学三年のあの日、事件が起きたのです。父親が酒に酔った勢いで母親を殴《なぐ》り倒し、足蹴《あしげ》にしました。いつも繰り返されてきた夫婦喧嘩の光景です。

その日に限って、なぜか私は耐えられませんでした。台所の包丁を摑《つか》んで父親に向かっていったのです。啞然《あぜん》とした表情の父親の顔を、今でも忘れることができません。倒れていた母親が立ち上がり、「父ちゃんに何するんだ」と両手を広げて私の前に立ち塞《ふさ》がりました。

理不尽でした。元はと言えば、両親が喧嘩しなければこんなことにはならなかったのです。次の日から父親は、家に帰ってこなくなりました。そしてしばらくして両親は離婚しました。

それから八年後、父親が癌《がん》に倒れて逝《い》ったことを、親戚のオバさんから教えられました。父親の死を知っても、母親は少しも表情を変えませんでした。夜中、並んで寝ていた布団の中の母親の肩が、かすかに震《ふる》えているのがわかりました。何事かしらん、と覗《のぞ》き込むと、枕を口に当てて声を殺して泣いているのでした。

葬式が終わって数日後、親戚のオバさんから「父ちゃんは、あんたのことを父親殺しにさせるわけにはいかないからと、泣きの涙で家を出た」ことを知らされたのです。

父親も母親もすでにあの世に召《め》されています。あの世で二人に会ったら、あの時の親不孝を土下座して謝りたい、と願っています。悔《く》やんでも悔やみきれない、痛恨の出来事です。

この経験から、「貧乏は諸悪の根源である」ことを肝《きも》に銘《めい》じたのです。両親の暴力沙汰の喧嘩も、包丁を持って立ち向かった私の愚《おろ》かさも、すべて「貧乏」ゆえのことでした。

高校を卒業して社会に出て五十五年、これまでひた走りに走ってきました。背中を押していたのは、ただひたすらに「あんな貧乏な暮らしはもう二度としたくない」という思いでした。

貧乏は、夫婦の絆《きずな》や親子の情愛を無惨にも引き裂く「悪魔」のような存在なのでした。

貧乏な家に生まれたことを喜べ、という言葉があります。私にとって「貧乏の意義」は、「貧乏は諸悪の根源である」ということを、若竹の身に、骨身にしみるほどに教えてくれたことであったのです。

こうして私とおカネをめぐる、時に楽しく、時に苦しい、長きにわたる付き合いが始まりました。それは山あり谷あり泥沼ありの道のりでもありました。その道を今も倒《こ》けつ転《まろ》びつ一歩一歩歩いている私めが、さあ、皆さまを「おカネとどう向き合うか」、その答えを探す旅にお連れいたしましょう。

二〇二一年六月

村西とおる

目次

第2章……おカネを稼ぐ

第3章……おカネを増やす

第4章……おカネを使う

本文デザイン 盛川和洋
DTP キャップス

第1章

おカネは魔物

1 おカネの魔力

多くを所有する者は、なお多くを手に入れる。わずかしか所有しない者は、そのわずかなものさえ奪われる。

——ドイツの詩人　ハインリヒ・ハイネ

おカネが持つ魔力を象徴する言葉です。

エロ事師の私が仕事でその魔力を感じるのは、素人《しろうと》女性を口説き落とす時です。AVに出演するなんぞめっそうもない、と最初は頑《かたく》なに拒《こば》まれている女性でも、目の前に帯封《おびふう》された数百万円の札束を積まれると、「やらせていただきます」と首を縦にお振りになることがあります。

おカネの魔力を実感する、掛け値ナシの瞬間です。が、女性がおカネの魔力に負けた、との判断は早計です。誠実さを表すのにおカネの額がバロメーターとなり、これほどの金額を

おカネの魔力とは
おカネそのものではなく、
それを受け止める人間の
心にひそむ自尊心をくすぐる力
にあるのです。

私に提示してくれた、とプライドが満たされ、出演することを承諾なされたのです。

おカネの魔力とはおカネ自体にあるのではなく、それを受け止める人間の心にひそむ自尊心をくすぐる力にあるのです。

おカネは誰に対しても、人生のどんな時にあっても、普遍的で万能な力を持っていると考えがちですが、まちがった解釈です。病気で苦しんでいる人に必要なものは、トランクいっぱいのおカネよりも、看護人の優しさであり、病気を治してくれる薬です。砂漠で道に迷って彷徨《さまよ》い歩く旅人には、リュックに詰め込まれた札束よりも、一本のペットボトルの水が宝物となります。

腐《くさ》るほどおカネを持っている億万長者の心を動かすのは、堆《うずたか》く積まれた札束の山より、愛《いと》しい幼子《おさなご》の笑顔や、美しい女性の汗ばんだうなじであったりします。

おカネの魔力とは、その使い道の分かれるところに、「魔力」があるのです。


高校を卒業して上京した私は、見知らぬ東京で行くアテもなく、一週間ほど上野《うえの》の森を彷徨い歩きました。手持ちのカネも尽き、数日間は食事を取ることもできず、着の身着のままの浮浪者の風体《ふうてい》となりました。拾った新聞に掲載されていた募集広告を見て、這《は》うようにして池袋《いけぶくろ》の「どん底」という酒場に向かい、面接を受けました。チーフを名乗る三十代の男性は、一瞥《いちべつ》して事情を察したようで採用してくれました。

その夜は店で働くこともなく、寮に連れていかれて寝ました。翌朝早く、頭を乗せていた枕を蹴飛《けと》ばされました。驚いて目を開けると、前日面接して採用してくれたチーフのMさんが見下ろしていました。「おい、メシを食いに行くからついてこい」と近所の食堂に連れていかれました。Mさんは「生姜焼き定食」を一つ注文しました。「俺の奢《おご》りだ、遠慮しないで食べな、ここのはおいしいから」とブッキラボウなMさんの言葉に促《うなが》されて箸《はし》を取りました。

脂《あぶら》がしたたる豚肉を箸でつまんで口に入れました。口いっぱいに肉のウマさが広がりました。数日ぶりにありついた食事でした。食べながら涙がこぼれて仕方がありませんでした。ようやく食べ物にありついた安心感と、Mさんの優しさが心にしみたからです。

Mさんは、涙とともに生姜焼きを食べている私を、ビールを飲みながらただ黙って見つめていました。生姜焼き定食の値段は百二十円でしたが、それまでに食べたどんな食べ物とも比べものにならないほどおいしい「最高の味」でした。

それから二十年後、独立してダイヤモンド映像を設立した時、Mさんに社長に就任していただきました。あの時ご馳走《ちそう》していただいた生姜焼き定食のご恩返しをしたい一心で消息を尋ね、再会をはたしました。千葉県の小さな街のバーでバーテンダーをしていたMさんに会いに行き、社長に就任していただくようにお願いしたのです。

最初、Mさんは「分不相応《ぶんふそうおう》だ」と頑なに拒まれましたが、最後は私の願いを聞き入れ、社長を引き受けてくださいました。一年半ほど経《た》って「やはり自分には水商売の水が合っている」と社長の座を退《しりぞ》いて、夜の街に戻っていかれました。その間は月二百万円のお給料と、退職金として一千万円をお渡ししました。ささやかなご恩返しの真似事《まねごと》ができたことはなによりでした。

私にとってあの時の百二十円の生姜焼き定食は、Mさんに社長報酬としてお渡しした金額の何倍もの価値があったのです。

おカネの「魔力」とは、おカネの力に負けて良心を失った人たちにネガティブに使われる言葉です。が、私はたとえわずか百二十円のおカネでも、使い方によっては何万倍もの価値を持つことになるのが、おカネが持つ「魔力」なのだ、とポジティブにとらえています。

おカネは、食べたい時に食べたいモノを食べ、行きたい時に行きたいところに行き、欲しいモノを欲しいだけ手にできる、二十一世紀の今の、最高と最悪の「生きる」とは何か、を味わわせてくれるツールだと認識しています。

人間にとっておカネの魔力とは、不可能を可能にしてくれる力のことだと言えます。

2 おカネの力

カネは人間にとって血であり、命である。

――古代ギリシアの喜劇作家　アンティファネス

私もまた、まさしく「カネがないのは首がないのと同じ」という経験をしています。

三十五年前、ハワイ・ホノルルにおいて最上級の高級別荘地として知られるカハラ地区の貸別荘で、AVの撮影をしていました。その別荘の向こう三軒先には、石原裕次郎《いしはらゆうじろう》さまの別荘がありました。私の借りていた別荘は、相場では三十億円は下らないと言われる、この地区で一、二を争う高級なものでした。レンタル料は一泊百五十万円、ベッドルームは十室、庭にはプールが二つあり、テニスコートも併設された豪華な造りとなっていました。

夜の十時を過ぎた頃、撮影中に突然ドアを蹴破って、数十人の男たちが乱入してきました。ある男は手に大きなハンマーを、別の男はマシンガンを、また別の男は45口径の拳銃を

「カネがないのは
首がないのと同じ」です。
それを痛感したのが、
ハワイの貸別荘でAV撮影中に
突然、FBIに逮捕された時でした。

構えて突撃してきたのです。彼らの着用しているジャンパーの胸には、「ハワイ州警察」「ホノルル警察」「イミグレーション（入国管理）」「FBI（連邦捜査局）」の文字がプリントされていました。

十五名のスタッフとともにそのまま警察に連行されました。それまで二年有余《ゆうよ》、ハワイはもとより、本土のヨセミテ国立公園、ハリウッド、グランドキャニオン、ラスベガス、といった米国の有名観光地を巡り、私たちはAVの撮影を敢行していました。

ハワイでは、太平洋戦争開戦時にゼロ戦が真珠湾《しんじゆわん》奇襲攻撃を行なったのと同じコースを、セスナ機二機で飛びました。機内で文字通りの「機上（騎乗）位」でSEXをイタして、英霊たちに捧《ささ》げる鎮魂の撮影を行ないました。

これらのビデオ作品は日本国内で発表されましたが、いつしか米国本土にも知れ渡り、「アメリカを凌辱《りようじよく》しているケシカラン〝ジャップ〟がいる」と、その名もコードネーム「トラ・トラ・トラ」のチーム・ムラニシ捕獲作戦が発動されたのです。

私たちは逮捕されて裁判にかけられることになりました。メキシコから米国に不法入国して働いていると言われた六百万〜七百万人の密入国者は、摘発を受けても裁判にかけられず、国外追放となるだけでした。しかし、パスポートを所持している私たち日本人は裁判にかけられたのです。

当時、バブルの影響で、ニューヨークのビルやワイキキのホテル群を日本マネーが買い漁《あさ》っていて、対日感情は最悪でした。そんな時、飛んで火に入る夏の虫、とばかりに人身御供《ひとみごくう》にされたのです。

が、逮捕された以上は泣き言を言っていても仕方がありません。米国は建国以来、フロンティアスピリットを重んじる国、ファイトしない人間は負けを認めたとみなされます。

ホノルル随一と評判の弁護士事務所に弁護を依頼しました。提示された弁護費用の着手金は五千万円でした。米国では、「僕の目を見てください」といった情緒的な話は通用しません。おカネがなければ、無罪の可能性があったとしても弁護を引き受けてはくれません。米国で一流と言われる弁護士は、殺人や泥棒といった〝貧乏人〟が起こす刑事事件の弁護活動はほとんど行なっていません。企業合併や不動産売買など、実入《みい》りのいい仕事で稼いでいるのです。

一流と言われる弁護士ほど、一年先まで弁護活動のスケジュールは埋まっています。そこに割って入って、引き受けてもらうためには、提示された着手金を支払う必要がありました。まさに「地獄の沙汰もカネ次第」、です。そこで提示された五千万円のカネを支払って、ハワイでナンバーワンと言われるその弁護士事務所に弁護を依頼したのです。

裁判が開かれるまでの半年ほどは週に二、三度、裁判対策のためのミーティングが行なわれました。弁護士十人、私を含め「容疑者」十六人が集まっての、大所帯の対策会議です。この対策会議に参加する弁護士の費用は、一人一時間あたり約三万円でした。二時間ミーティングが続くと、それだけで合計六十万円、週三日会議を開くと二百万円近くのおカネが消えていく勘定でした。

弁護士たちは「ファイト、ファイトしなければいけません」と事あるごとに励《はげ》ましてくれましたが、毎週消えていく二百万円のことを考えると、腰が砕《くだ》けそうになりました。裁判で、私は三百七十年の求刑を受けました。が、弁護士陣の獅子奮迅《ししふんじん》の活躍で、二千八百万円の罰金を払い、他の十五名のスタッフは全員無罪の判決を司法取引で勝ち取ることができたのです。

八カ月に及んだハワイでの裁判に、滞在費の二千万円を加えると、合計一億円を費《つい》やしました。が、もしあの時私に一億円のおカネがなかったら、今頃はまだ米国本土のどこかで刑務所暮らしをしていたかもしれません。

この世には「カネがないのは首がないのと同じ」という世界があることを、身をもって知らされた体験でした。

3　おカネの怖さ

人生は海、カネは船頭である。船頭がいなければ、うまく世渡りができない。
――ドイツの政治家　フェルディナント・フォン・ヴェッケルリン

大金を得たことで順調に航海できるはずの船が、時として座礁《ざしょう》して沈みかねない事態に陥《おちい》るところにおカネの怖さがあります。

AVを撮《と》り始めた最初の頃は、監督する作品はサッパリ売れませんでした。私の撮る作品がおもしろくなかったからです。営業の責任者から「監督なんか辞《や》めてください。私には女房も子供もいるんです」と泣きつかれる始末でした。会社の資金繰りも逼迫《ひっぱく》し、倒産も時間の問題となりました。

そんな時、救世主が現れたのです。北陸のある街でパチンコ店や自動車教習所、タクシー

女性経営者にして差し上げた
涙のご奉仕。
おカネの怖さとは
持ち主に才能を与えると同時に、
猜疑心《さいぎしん》を道連れにする
ことだと悟りました。

会社などを広く手がけているという女性経営者と巡り会いました。はじめはキューピッドとなった友人の紹介でホテルのカフェでお会いしましたが、第一印象は「四頭身の人間というものがこの世に実在するのだ」という驚きでした。身長は百五十センチに足らず、その割には頭が異様に大きい、アンバランスな小太りの女性でした。

　まるでぬいぐるみのようにズングリムックリで、洋服の上から見ても、女性らしい「くびれ」はまったく見当たりません。さらにご尊顔のほうは、失礼を顧《かえり》みずに申し上げれば、トド、のご面相でした。齢《とし》の頃は六十前後で、ケバい厚化粧を施《ほどこ》し、髪は紫色に染《そ》め、鼻をつくキツイ香水の匂いに、思わず眩暈《めまい》がしました。ご婦人は未亡人ということでした。感情が顔に出ない性質《タチ》なのでしょう。楽しいんだか悲しいんだか、心の動きをまったく表情に表されませんでした。

　紹介者の友人を通じて、事前に三千万円の借金を申し出ていました。ご婦人は紙袋をテーブルの上に置き、「どうぞ」と差し出されました。袋の中には、一千万円のブロックが三つ入っていました。

　代わりにお渡しした約束手形をバッグにしまわれ、「返済は一カ月後ですね」と確認されて席を立たれたのです。

一カ月後、ご婦人を訪ねて北陸の街に行きました。ご婦人の所有するビルの八階が居住スペース兼寝室となっていました。案内された寝室は、壁やカーテンがピンク一色に染まっていました。ネグリジェ姿になられたご婦人にオロナミンCを三本手渡されました。「飲め」というのです。

バイアグラのない時代です。一本目を飲み、二本目を飲み、三本続けて飲み干《ほ》しました。急に胸やけがしてゲップが出ました。オロナミンCを三本も立て続けに飲むと、こんなにもゲップが出ることをはじめて知りました。

ご婦人はベッドの上に横たわられました。ベッドの枕元に小さな金庫が見えました。あの金庫の中に渡した手形があるのかと思うと、頑張《がんば》らなければならない、と自分にムチが入りました。ご婦人の股間に顔を埋めてパンティを尻から抜き取ります。足の付け根は剛毛のジャングルでした。掻《か》き分けて陰唇を開くと、オリモノの異臭とともに白いヨーグルト状の塊《かたまり》が見えました。ご婦人はお手入れのマナーを心得てはおられなかったのです。

それでも、後へ引くわけにはいきませんでした。「体」で金利を払って、枕元の金庫で眠っている手形の書き換えを了承していただく必要がありました。目を閉じて陰唇を舌で割り、愛撫を施しました。ご婦人の口からは「ガァーッ」という、この世のものとは思えない、コヨーテのごときうめき声が漏《も》れたのです。

サービス精神のまったくないご婦人でした。売りモノ買いモノの感覚で、自分さえ気持ちよければ相手はどうでもいい、というエゴイスティックな生き方が伝わってきました。これまでにない、一心不乱の集中力をもってマグロの肉体を相手に一時間半後、ようやく「仕事」を成し遂げたのです。事後、ご婦人は、私が持参したジャンプ（決算期日延期）の手形を受け取り、一カ月後に再び書き換えに来るように、と命じられたのです。

帰りの電車の中から日本海を眺めていると、涙が出ました。これからまた一カ月後、そしてその後もしばらく続くであろう今日のような試練を想像すると、我が身が情けなく思えて仕方がなかったのです。あれほどの涙で日本海を眺めたのは、「岸壁《がんぺき》の母」と私ぐらいではなかったでしょうか。

ご婦人のもとへは、それから四カ月の間通い続け、ようやく借用したおカネを返済し、手形を取り戻すことができました。
ご婦人の枕元の金庫の隣には、亡《な》き夫との写真が小さな額に入れられて飾ってありました。三十代の頃と思《おぼ》しきご婦人はご亭主の隣に寄り添い、可愛い笑顔を見せて写っていました。未亡人となられて、亡き夫の財産を守らんがための猜疑心との闘いの日々が、ご婦人から人としての喜怒哀楽を奪ってしまったのでしょう。おカネの囚《とら》われ人《びと》となることなく、女性としてもっと自由に素直に生きる道を選択なされていたら、ご婦人との「オロナミンCの刻《とき》」も、もっときらびやかなものになったのでは、と残念に思いました。

「カネが一番いやらしいのは、それが持ち主に才能まで与えるからだ」(ロシアの作家 フョードル・ドストエフスキー)

その「才能」は猜疑心を道連れにするところに「おカネの怖さ」があるのでした。

4　おカネと人の心

もしカネを貸すならば、なくしても惜《お》しくないだけの額を貸すことだ。
——イギリスの詩人　ジョージ・ハーバート

二人の男は事務所に突然やって来ました。一人は二十代、もう一人は三十代でした。私の顔を見るなり、二人は応接のテーブルの上に手をつき、「助けてください」と頭を下げたのです。

事情を聞けば、Vシネマの制作会社をやっていて資金繰りに窮《きゅう》し、闇金から三千万円を借りた挙句《あげく》、進退窮《きわ》まってしまったそうです。「つきましては制作したVシネマの一インチのマスターテープを担保に三千万円貸してください」と、涙目で懇願なさるのでした。闇金といっても相手はヤクザの企業舎弟で命さえ取られかねない、と必死の形相《ぎょうそう》です。

私はアダルトビデオの映像が本職で、Vシネマは専門外でした。突然の申し入れにとまど

誰かにおカネを貸す際、
見返りを求めてはいけません。
それは自分の満足のためであり、
相手の満足のためではないからです。

いましたが、一面識もない私のところにどうして頼みに来たのか、と尋ねますと、「以前から同じ映像人として監督を尊敬していました」と、その気にさせる台詞《セリフ》が返ってきたのです。私は〝豚もおだてりゃ木に登る〟のクチです。金庫から三千万円を取り出し、その場で借用書も取らずに初対面の二人の男に貸しました。

その後、三千万円は戻らず、内容も知らないVシネマのテープだけが手元に残りました。

それから数年後、かくのごとき金遣《かねづか》いの荒さの甲斐《かい》あって、私のダイヤモンド映像は見事倒産しました。その日の生活費にも困り、途方に暮れていたある日、知り合いからAVを撮ってほしいとの依頼を受けて、都内のホテルのロビーのカフェでスタッフと待ち合わせをしたのです。打ち合わせが終わり、スタッフを残してホテルの玄関へ向かいました。

と、ホテルの玄関の回転ドアを押してこちらに歩いてくる二人の男の姿がありました。

「三千万円用立ててほしい」と涙を見せた、あの時の二人でした。

年上のほうが私の顔を見て足を止めました。驚きを隠せない表情です。

「監督、お元気でしたか。心配していたんです」と作り笑いで話しかけてきました。男は私が倒産したことを知っていたのです。「まあ、なんとかやっているよ。あなたも元気そうでなによりだ」と、軽い握手を交《か》わし、その場を離れました。男たちは三千万円のおカネのことを、オクビにも出すことはありませんでした。

それから二時間ほど過ぎた頃、先ほどホテルのカフェで打ち合わせをしたスタッフから電話がかかってきました。「さっき、監督と入れ替わりにホテルに入ってきて、挨拶《あいさつ》を交わしていた二人組の男がいましたよね。あの男たちが私のテーブルの隣の席に腰を下ろして〝アノ村西の野郎、まだ生きていたのか。死ねばいいのに〟と言っていたんですよ。連《つ》れの若い男は〝そうですね〟と笑っていました。あの男たちとどんな関係なんですか」と聞いてきたのです。言葉もありませんでした。スタッフには「昔からのちょっとした知り合いでね」と答え、電話を切りました。

不思議と怒りの気持ちは湧《わ》いてきませんでした。本来ならば、この世から立ち去る時、あの人の恩だけは忘れることができない、との思いを持って然《しか》るべき二人の男です。それを、喉元《のどもと》過ぎれば熱さを忘れるどころか、恩人を悪《あ》しざまに罵《ののし》るとはなんという恩知らずでしょうか。

もし、あの時私が用立てた三千万円がなかったら、はたして彼らは今頃のうのうと、一流ホテルでコーヒーの芳醇《ほうじゅん》な香りを堪能することができたでしょうか。

が、私の心の中はいたって冷静でした。時として、人間は恩を忘れ仇《あだ》で返すものだということを学んでいたからです。それを承知で彼らに三千万円を貸したのですから、裏切りにあっても、ことさら腹が立つこともありませんでした。

それまで多くの人におカネを貸してきました。そのほとんどが返済されないままに終わりました。しかし、懲《こ》りずに、頼まれればおカネを貸し続けてきたのです。

「友達にはおカネを貸さない。友情を失うことになるから」との台詞を吐《は》く人間がいますが、そんな言葉は私の辞書にはありません。友人なら、辛《つら》い思いをして借金を申し込んでくる人間におカネを貸せずして何が友情だ、との思いがあります。

いつからこうした考えが芽生《めば》えたかは定かではありませんが、おカネの修羅場を幾度もくぐり抜け、いつしか持った諦観《ていかん》、と言えばカッコつけ過ぎでしょうか。ただ明確に言えることは、おカネを貸した相手に感謝をしてもらえると望む増上慢《ぞうじょうまん》の心こそが災《わざわ》いを招くということです。

見返りの、感謝を期待する心に搦《から》め捕《と》られて、「裏切られた」と自分の心を傷つけることになるからです。

もしあなたさまが誰かにおカネを貸すチャンスがあったなら、他人におカネを貸すことのできるあなたさまの境遇を「オメデトウ」と言って祝福なさってください。おカネを貸すのは自分の満足のためであって、相手の満足のためではないからです。

5　おカネと権力

飛躍的に金持ちになった人が、善良な人であったためしがない。
——古代ローマの喜劇作家　プブリリウス・シルス

おカネの奴隷《どれい》になる、という表現がありますが、まさしく「カネの奴隷になった」男を紹介します。

男は寸借サギ師です。狙《ねら》う相手は極道の親分たちでした。親分たちは「俺ほどの人物を騙《だま》すような命知らずはいないだろう」とタカを括《くく》っています。その油断をついてサギ師はオイシイ儲《もう》け話を持ち込み、カネを騙し取るという「極道専門サギ師」でした。

悪事がバレて、親分に夜の海に連れ出され、スコップで砂浜に穴を掘らされました。「騙したカネのありかを白状しろ、さもなくば自分が掘った穴に生き埋めにするぞ。命が欲しいか、カネが欲しいか」と脅《おど》されたのです。

おカネは人を変えます。
紳士然とした人間であっても、
時としておカネの力で得た権力で
おぞましい振る舞いを見せるのです。

件《くだん》のサギ師男は「カネ」と答えたといいます。そのアッパレな銭ゲバぶりに、さしもの親分も呆《あき》れ返り、穴に埋めるのをやめた、というオチでした。

カネが命、となった守銭奴《しゅせんど》のあさましい振る舞いは、サギ師に限ったものではありません。紳士然とした人間が、時としてカネの力で得た権力でおぞましい振る舞いを見せるのでございます。

AVの仕事で山ほどの財産を築いた男がいます。今日ではAVメーカーとは別に、都内に十数カ所の賃貸ビルを経営する「貸しビルの帝王」と言われる成り上がり者です。この男、かつて会社創立三十周年の記念パーティーを催《もよお》したことがあります。パーティーは取引先の銀行関係者やビルの店子《たなこ》、AV関係者やAV女優が集《つど》って、大盛況となりました。

そこに、あるプロダクションの社長がお祝いにやって来ました。彼は成金男と古くから取引がありました。最近では人気女優を育てることもできず、プロダクション経営で困難に直面しています。金銭的に余裕のない状況でしたが、昔、お世話になった成金男にお祝いをと、有り金をはたいて買い求めた記念の置き時計を手土産《てみやげ》に、パーティー会場に駆《か》けつけたのです。

成金男はプロダクションの社長を見かけると、血相を変えて「君は何しにやって来たんだ、帰れ」と怒鳴り上げました。プロダクションの社長は、成金男のあまりの剣幕にたじろぎました。

社長には心当たりがありました。数年前、単体クラスの女性を成金男のところへ面接に連れていきました。成金男は大いに気に入り、破格の三百万円の出演料で採用することを約束してくれました。お祝いに一杯、ということで成金男の経営する小料理屋で祝杯を挙《あ》げました。お開きの時間となって、成金男が女性を「送っていく」と言い出したのです。「家が同じ方向だから」というのが、その理由でした。よもや、と思いましたが、せっかく気に入ってくれたので、と送ってもらうことにして彼女を預けました。

翌日、彼女から沈んだ声で、「仕事はやめにします」との電話が入りました。「どうして？」と理由を聞いても、彼女はそれ以上何も答えずに電話を切りました。よもや、の杞憂《きゆう》が現実となり、茫然自失《ぼうぜんじしつ》となりながら成金男のもとへ行き、説明を求めました。成金男はアッサリと彼女をホテルに連れ込んだことを自白し、三百万円を差し出してきました。慰謝料というわけです。彼女がAV女優としてデビューしたなら年間数千万円を稼いでくれるはずでしたが、交通事故にあったとあきらめ、カネを受け取り引き下がりました。後日、そのうちの半金を彼女に届けて詫《わ》びました。

そんなことがあっても、成金男のよこしまな行ないは自分の監督不行き届き、と水に流していました。

だからこそお祝いに駆けつけたのでしたが、「帰れ」の仕打ちにあったのです。周囲に人が寄ってきました。中に顔見知りの仕事仲間もいました。屈辱でした。しかし主催者が「帰れ」と言う以上、帰るしかありません。プレゼントの置き時計を成金男に手渡して、その場を後にしました。「オイ、これをゴミ箱に捨ててこい」と社員に命じる成金男の大きな声が、プロダクション社長の背中に浴びせられました。

この話を、当のプロダクションの社長から聞いた時、情けない気持ちになりました。成金男はAVの草創期、一緒に働いた仲間だったからです。苦しく貧しい生活が続き、焼肉屋で一つの豚足《とんそく》を分け合って食べながら、明日の夢を熱く語り合った仲でした。成金男は、「俺の夢は豚足じゃなくカルビの肉を腹いっぱい食べること」、が口グセでした。欲のない男でした。温厚で、人を悪しざまに罵るようなことができる人間ではありませんでした。そんな人の好《よ》さが私の性《しょう》に合って、おたがい最良のパートナーでした。

しかし、三十年後に私の耳に届いたその人物評は、カネに搦め捕られて人を人とも思わなくなった傲慢《ごうまん》な成金のそれでした。多くの人間の前で面罵《めんば》し、人から恨《うら》みを買って何が楽しいのか、また人を恨んで何がいいのでしょうか。おカネの魔力に負けた、かつての盟友の会社創立三十周年記念に贈るべきは「豚足の味」であった、と思っています。

6 おカネと品性

金持ちが神の国に入るよりも、ラクダが針の穴を通るほうがやさしい。
——『新約聖書』マルコによる福音書より

一九七六年、日本ビクターが世界に先駆《さきが》けて家庭用VHS方式ビデオデッキ、HR-3300型を発売しました。当時としては長い、録画時間二時間、重さは十三・五キロに抑えられ、誰でも扱えるよう、操作も単純化されていました。また、それまでアマチュアの映像好きたちは八ミリフィルムで五分程度しか動画撮影はできなかったのですが、ビデオカメラで二十分間連続撮影が可能になっていました。ビデオデッキに直接接続すれば、現像に出すこともなくその場で再生できたため、当時では夢のような商品でした。

前年の一九七五年、ライバルのソニーが同じような家庭用ビデオデッキのベータマックス方式を発売していました。VHS対ベータマックス、世に言うところの「ビデオ戦争」の幕二千万円を持参した白髪の紳士。
おカネにおける品性は、
他人のために使うことで
鮮《あざ》やかな光彩を放つと
教えられました。

が切って落とされたのです。

しかし画期的な家庭用ビデオデッキでしたが、メーカーの思惑《おもわく》通りには普及しませんでした。ビデオデッキを購入しても、再生するソフトが不足していたからです。

「裏本の帝王」と称されていた時代のことです。人を介して面会を申し込まれました。その人物は歌舞伎町《かぶきちょう》の路地裏にある小さな喫茶店に現れました。白髪をオールバックに整えた、穏《おだ》やかな笑みを浮かべた五十歳前後の恰幅《かっぷく》のいい紳士でした。紳士が差し出した名刺には「日本ビクター株式会社　常務」と印字されていました。「ビデオを制作していただけないかとお願いにあがりました」と紳士は丁寧《ていねい》に頭を下げられました。ビデオとは「裏ビデオ」の意です。

裏本の制作で日常的にSEXの本番撮影を行なっていましたので、「裏ビデオ」を撮ることなどワケのないことでした。紳士が持参して差し出した袋の中を覗くと大きな一万円札の固まりが二山、二千万円が入っていました。「承知しました。三週間後にお渡しします」と伝えると、「よしなにお願いします」とまるで江戸時代の城代《じょうだい》家老《がろう》のような慇懃《いんぎん》さでおカネを置いて立ち去っていかれました。

三週間後、前回会ったのと同じ歌舞伎町の喫茶店で、紳士と再会しました。テーブルの上に一インチの「裏ビデオ」のマスターテープを置き、「約束のモノです」と紳士に渡しました。紳士は「ありがとうございます。心より感謝申し上げます」とどこまでも慇懃な姿勢を崩さず、深く腰を曲げて礼を述べると喫茶店から出ていかれました。ご禁制の裏ビデオの入った鞄《かばん》を提《さ》げた紳士の後ろ姿は少しも臆《おく》することなく、凛《りん》としていたのが強く印象に残っています。紳士はその裏ビデオを、ソニーを選ばずに自分たちのＶＨＳ陣営に参加してくれた松下電器産業の系列販売店に大量にコピーして配りました。

ビデオデッキの値段は当時で一台二十万円以上していました。今日では四十万～五十万円相当の値段となるでしょうか。庶民には高嶺《たかね》の花でしたが、購入すると「裏ビデオ」が二本ついてくる、ということで消費者の購入意欲をくすぐり、松下陣営のＶＨＳ方式は飛躍的に売り上げを伸ばしました。やがてソニーのベータマックス方式を凌駕《りょうが》し、ＶＨＳ方式は「世界のＶＨＳ」として市場を席捲《せっけん》したのです（このエピソードは弘兼憲史《ひろかねけんし》氏の漫画『係長島耕作』３・４巻にも描かれています）。

破竹の勢いとなった松下陣営でしたが、「向こう傷」を負いました。八王子《はちおうじ》や仙台《せんだい》といった、全国の少なからずの松下系列の販売店が「裏ビデオ」を頒布《はんぷ》した罪で摘発され、新聞の三面記事に大きく掲載されたことを覚えています。

会社のために「向こう傷」をいとわない、ニッポン経済のサムライが、あの時代には沢山いました。そうしたサムライの活躍が、日本のＶＨＳ方式をして世界の映像文化の普及に偉大なる貢献をしたのです。歌舞伎町の小さな喫茶店からご禁制の裏ビデオを鞄に入れて立ち去った、白髪のあの紳士の後ろ姿を、今でも鮮《あざ》やかに思い浮かべることができます。

紳士には「法を犯している」といった後ろめたさはまったくありませんでした。会社のために身を捨てる、という矜持《きょうじ》と覚悟が見て取れました。企業のコンプライアンスが叫ばれる昨今では、ああした、会社のために命を捧げるサムライがめっきり少なくなりました。しかし、あの白髪の常務の、我が身を捨てる働きなくしてＶＨＳ陣営の勝利、ひいては日本の電機メーカーの世界への飛躍がありえたのか、と思うのです。

キレイゴトばかりでは済まないビジネスの最前線で、自らを犠牲にせんとするサムライの活躍によって焼け野原からの奇跡的な日本の復興が成し遂げられ、今日の豊かさが築かれたのです。

人間の美しさは、と問われて、すぐ頭に浮かぶのは団体行動をする集団の姿です。マーチングバンドの行進が心を打つのは、メンバー全員が己《おのれ》を無《む》にして、集団に自分を捧げているからです。自己を捨てて、他人のために尽くす姿以上に、人間の美しさ、品性の雅《みやび》やかさを見ることはできません。

おカネにおける品性は、自分のためでなく他人のために使うことで鮮やかな光彩を放つのです。あの白髪紳士の持参した二千万円は、そのことを教えてくれています。

その後、ソニーが家庭用八ミリビデオカメラを発表した際に、ソニーから八千万円でオリジナルAV八ミリビデオの制作の依頼を受けました。ビデオ戦争で苦汁《くじゅう》を嘗《な》めた盛田昭夫《もりたあきお》社長の「ソフト重視」の捲土重来《けんどちょうらい》の戦略は、米国のメジャー映画会社を買収し、世界のソニー・ピクチャーズエンタテインメントの成功へと結実していきます。

第2章

おカネを稼ぐ

7 仕事の意味

仕事が楽しみならば人生は極楽だ。仕事が義務ならば人生は地獄だ。

——ロシアの作家　マクシム・ゴーリキー

働いておカネを稼がなければ生きていけないことは、自明の理です。その時、「生きるための義務」としての労働であれば、おカネの奴隷になることと同じです。しかし、仕事の意義をよく理解できれば、奴隷になることから免《まぬか》れることができます。

「仕事」とは「仕《つか》える事《こと》」と読み解きます。誰に「仕える」「事」なのでしょうか。このことを、先人は「〝働く〟ことは、〝傍《はた》〟の人間を〝楽《らく》〟にすることだ」と教えています。〝傍〟にいる人を、己《おのれ》の労力を割《さ》いて〝楽〟にしてやることが「人間の仕事」だとの解釈です。

自分さえ気持ちよければいい、オナニーの快楽などはたかが知れたものです。自らのエク

相手が白目をムいて
昇天するSEXこそ、
オナニーの何倍もの
興奮を味わえます。
つまり、仕事の意味とは
他人を喜ばせることなのです。

スタシーより相手の快感を慮《おもんぱか》って、「こんなのはじめて」と白目をムいて昇天させるSEXこそ、何倍もの興奮を味わうことができます。

このことからわかるのは、人間は喜ばれることで自尊心の満足を獲得できる生き物、ということです。人は名誉のために死す、という言葉があります。他人に評価されることで得る喜びは、本能を充足させる喜びをはるかに凌《しの》ぐものです。

他人を喜ばせることが仕事の意味だなんてキレイゴト過ぎる、と考える方もいらっしゃいます。本当にそうでしょうか。私が撮影するAVのことを考えてみてください。どうせSEXなんてやることは同じ、適当にやっていればいい、と投げやりな態度で撮ったAVを、あなたさまは楽しむことができるでしょうか。明日の労働力再生産のためのエネルギーを充電する貴重な余暇のひとときを楽しませようと全力投球して撮られたAVこそ、見たいと思うはずです。

このことから、他人を「喜ばせよう」として働くことが、けっしてキレイゴトではないとわかるのです。

この世にあるすべての仕事は、理由があるから存在します。あなたさまがどう思おうと、です。存在しているということは、仕事で提供するサービスや商品が社会の役に立っているということです。誰かが仕方なしにおカネのためにイヤイヤしている仕事であっても、社会の役に必ず立っているのです。必要とされているから、その仕事があるのです。

このことを理解できれば、どうせやるなら、より良いサービスや商品を届けようと心がけることが正しいと理解できるはずです。その姿勢によってサービスや商品のクオリティが高まり、お客さまの満足を得て、巡り巡って信用が金銭的評価となって返ってくるからです。

真剣に仕事に取り組むことは、すべての人に利益をもたらし、あなたさま自身の利益にもなります。上機嫌で仕事をすることができない人は損をしています。せっかく人生の生き甲斐となる、おカネと名誉をみすみす逃してしまうからです。

みすみす損をすることをやめようではありませんか。どうせ働くのなら、働く意義を理解して、より良く働くことが得だ、ということです。

ある時、タクシーに乗ったら、四十代と思しき運転手さんがこんな話をしてきました。

「上司の部長に言われていることがあるんです。『お客の乗る距離が近い遠いなんか関係ないんだ、空気を乗せて走っていないだけありがたいと思え。コンビニの店員は百円のガムでも買ってもらったら、〝ありがとうございます〟と頭を下げる。この〝ありがとうございます〟という気持ちが持てないなら、客商売のタクシー運転手なんか辞めてしまえ』、とね」。七十歳近い、元運転手からの叩《たた》き上げの上司、とのことでした。心地よい風に吹かれた気がして、つり銭をチップに差し上げたものです。

すでに書いたように、私の父親は傘修理の、その日暮らしのしがない行商人でした。貧乏な生活が続きましたが、いつも口グセで言っていた言葉がありました。「世の中は喜ばせごっこだ。喜ばせごっこで世間さまは成り立っているんだ」。

父親は、「世間」と言うところを必ず「世間さま」と言いました。父親の意識の根底には、自分より社会を優先する滅私奉公の考えがありました。赤紙一枚で召集されて命を捨てることを求められた時代を生きてきた父親の世代の人間にとって、一死報国、の犠牲の精神が当たり前のように叩き込まれていたのです。そうした認識が「世の中は喜ばせごっこ」の言葉となって、口から迸《ほとばし》ったのでした。

社会に出て仕事をするようになり、いつもこの言葉が頭の隅《すみ》にありました。仕事は相手を喜ばせてこそ成り立つのだ、という仕事への考えが自然と形成されたのです。

いっぽうで、恥《は》ずかしながら私は貪欲《どんよく》な人間です。カネさえ貰《もら》えれば仕事なんか適当にやっていればいい、という思想を持つことができません。やる以上は誰よりもおカネも名誉も欲しい、という欲張りなのです。

二度とない、かけがえのない人生、相手に真剣なサービスや商品を求めるなら、あなたさまもけっして相手が落胆することのないサービスや商品の提供を心がけるべきなのです。なぜなら、人生は「喜ばせごっこ」だからです。

8 稼ぐコツ①

おにぎりが貰えるまで歩くから、貰えないってことはないんだな。
――放浪の天才画家　山下《やました》清《きよし》

五十年ほど前、私は『エンサイクロペディア』という英語の百科事典のトップセールスマンでした。トップの営業成績を残せたのには、三つの理由がありました。

一つ目はハードワークです。家を朝八時に出て、その日セールスに回る街に十時に着くと、約三百軒の戸別訪問をして歩きました。住宅地帯をくまなく歩き終えると駅頭《えきとう》に立ち、行き交う人に声をかけキャッチセールスをしました。夕方六時になると、近郊にある日立や東芝、三井物産、三菱商事といった大企業の独身寮を訪問し、食堂に集まった一流大学卒のビジネスマン相手に、夜十時までマスセールス（大量販売）をしたのです。

成績が順調な日ばかりではありませんでした。来る日も来る日も販売に結び付くことのな

英語の百科事典の訪問販売で
トップになった秘訣。
三百軒の戸別訪問で見つけ出した
三つのポイントをお教えします。

い日が続くことも少なくありませんでした。が、けっしてめげることはありませんでした。ゼロの日が続けば続くほど、次の訪問では契約を取ることができるとワクワクしたものです。

私は独自の確率論を持っていました。一日三百軒の戸別訪問を繰り返して、週におよそ二千軒の数をこなせば、十件近くの契約を取れるという「確率」でした。ですから一日や二日契約を取れなくても、一週間、二週間、そして一カ月と経てば、最終的に目標の契約数に到達することを知っていたのです。シングルの腕前のゴルファーがバンカーやOBにつかまっても、慌《あわ》てず騒がずプレイを刻《きざ》んでいけば、最後はシングルの数字を叩き出す、あの要領です。

この確率論は、どんな商売にも当てはまります。街の商店や流しのタクシーや屋台のラーメン屋も、この確率論で商売が成り立っています。重要なのは、惜《お》しみなく努力を重ね、バッターボックスに立ち続けること、だけです。

二つ目のポイントは、自分の仕事に誇りを持つことです。たとえいくらおカネが儲かっても、誇りを持つことのできない仕事に情熱を傾《かたむ》けることは困難です。セールスは需要を創造する仕事です。生きることに絶対必要な水や電気といった「生活必需品」は本来、一私企業に委《ゆだ》ねられる性質のものではありません。一私企業が扱うことができるのは、「あったらいいいな」の、それがあることで生活が豊かになる商品です。いわば絶対に必要な「必需品」ではなく、ゼイタク品、です。資本主義社会はこのゼイタク品の消費循環によって利益が生まれ、人々はより豊かな生活を享受《きょうじゅ》しているのです。

このことがわかれば、需要を創造する、セールスマンの仕事こそ資本主義社会にとって不可欠であることが理解できます。

セールスマンは、テレビCMや雑誌の広告ではその魅力を顧客に伝えることに限界のある商品を、お客さまの収入、社会的地位、生活環境、美意識、性格などに応じて相手に寄り添い、その有用性を訴えます。お客さまはそのことで商品の魅力を発見し、購入するチャンスを得ることになります。いわばウィンウィンの関係が顧客とセールスマンとの関係です。

戦争で最後に雌雄《しゆう》を決するのは、派手な空中戦ではなく、陸上部隊の地道な地上戦です。最後は、接客するセールスマンの「需要を創造する能力」にその勝敗の行方は委ねられているのです。

セールスマンは、自分は三百代言《さんびゃくだいげん》の申し子ではなく、豊かな消費社会を担《にな》う先兵である、との誇りを持つことができれば、三つ目のポイントである「クロージング力（クロージング＝ビジネスや営業において顧客と契約を締結することの意）」も、容易に身につけることができます。

お客さまが買わない理由は、「高い」「必要ない」「同じ物を持っている」「今すぐには決められない」「おカネがない」の大方《おおかた》五つに分類することができます。売れないのは、この五つの断りに直面すると意気消沈して白旗《しらはた》を揚《あ》げてしまうからです。「えんどう豆を眼《まなこ》で嚙《か》めない」「屁《へ》で字を書くことができない」などの予想外の断り文句ならまだしも、耳にタコができるほど聞いた、いつもの五つの断り文句で降参していてはあまりにも工夫がなさ過ぎです。

私はこの五つの断り文句に対して、説得術「応酬話法」を身につけました（詳しくは小著『禁断の説得術　応酬話法』をご覧ください）。現場で叩かれ叩かれしているうちに、その切れ味は鋭《するど》く磨《みが》かれていきました。説得の言葉は口から出るものですが、その本質は頭の中で構築される、モノの考え方です。すなわち、この世に時計の針や数字の定理以外に客観的な事実というものはない、という認識です。物事はすべてその人がどう思うか、という主観的な価値観で決まります。薔薇《バラ》の花を見ても万人が万人、それぞれに受け止め方が違うのです。

応酬話法とは丸め込むことではなく、セールスマンが考えている商品の価値をお客さまに届けることです。商品の魅力を購入のレベルまで高めることができないのは、セールスマンがお客さまに自分の考えている商品価値を上手に説明できていないからにすぎません。自分はお客さまのより良い消費生活に貢献している人間である、との自負を持つことができれば、無限の情熱の迸《ほとばし》りを見せることができるはずです。

恋愛でもそうですが、人を説得する際、「情熱」に勝《まさ》る武器はないのです。

9 稼ぐコツ②

われわれは、明日の過去である。

――イギリスの作家　メアリー・ウェッブ

社会に出て学歴も閨閥《けいばつ》も何の専門知識もない私は、時代に先駆ける仕事をすることを心がけました。『エンサイクロペディア』のセールスの仕事を経て、次には札幌《さっぽろ》で英会話教室を開きました。折からの札幌オリンピック開催の熱狂で、札幌は一大英会話ブームに沸いていたからです。

札幌には当時、ベトナム戦争を逃れた米国人のヒッピーが沢山住みついていました。それらヒッピーを英語教師に採用して、英会話教室を開いたのです。先生といっても米国本土では農民や消防士、大工などの職歴を持つ人間たちで、中には海を見たこともない、という「先生」もいました。白人の教師たちは皆、主に女性の生徒たちにはハリウッドスターのよ

すすきののさびれたバーで
出会ったバーテンダー。
男は強い思いで
事業の失敗を乗り越え、
居酒屋「つぼ八」を大成功させました。

うに見えて大人気で、教室は大盛況でした。

冬の夜、私はいつものように、すすきのでおカネに飽《あ》かせて飲み歩いていました。付き合っていた、すすきのでナンバー1のクラブホステス嬢の彼女も一緒でした。酒に酔った勢いで雑居ビルの地下にある小さなスタンドバーの扉を押すと、バーカウンターの中には、私と同じ年頃のバーテンダーと年配の女性がいたのです。客は誰もいない、寂し過ぎる店内です。

カウンターに座ってグラスを傾けながら、バーテンダーの身の上話に耳を傾けました。聞けば東京で事業に失敗し、暴力金融の追手から逃れて札幌に辿《たど》り着き、すすきのの片隅で小さなこのバーを営《いとな》んでいるとのことです。「敗北」とは敗れて北に行くこと、の言葉が頭を過《よぎ》りました。

カウンターの中の年配の女性は、一緒に逃げてきた母親だというのです。この不遇な男の力になってやりたい、と思いました。一緒にカウンターで杯をあけていた彼女に、クラブが終わった後にこの店でアルバイトをして協力してあげてはどうか、と提案しました。気のいい彼女は二つ返事で承諾したのです。

英会話教室を開くいっぽう、英語の教材を抱え、道内を回って売り歩いていました。月の半分は出張の日々です。出張から戻り、バーに顔を出すと、店はうって変わったようにお客で溢《あふ》れていましたが、バーテンダーは素《そ》っ気《け》ない態度でした。カウンターの中のクラブ勤めの彼女も目を合わそうとしません。「店が終わったら一緒に帰ろう」と誘うと、バーテンダーのほうを見て途方に暮れた表情です。何があったのかを理解しました。そのまま一人、店を出て家路につきました。

それから二日後に彼女から、男の店でツケにした飲食代金を集金させてほしい、との電話がありました。待ち合わせの喫茶店に、彼女と一緒に件《くだん》のバーテンダーも姿を現しました。ドロボー猫、との言葉が喉まで出かかりましたが、負け犬の遠吠《とおぼ》えです。辛うじて怒りを押し殺し、彼女が躊躇《ちゅうちょ》しながら差し出した請求書の金額を支払いました。

喫茶店の料金を払って外に出ると、先に出た彼女とバーテンダーが歩いていました。バーテンダーが彼女に、「あんな時、オドオドしていては駄目じゃないか」としきりに説教をしている声が聞こえてきました。こんな時にカネの取り立て方に文句を言えるなんて、見上げた根性、と恐れ入りました。

それから一年半ほど経った頃でした。事務所に彼女から一通の封書が届きました。中には「今度、琴似《ことに》（札幌市西区）に居酒屋をオープンしましたので是非一度お立ち寄りください」との招待状が入っていました。

翌日、英会話教室のスタッフを連れて、店に行ってみました。炉端《ろばた》風に造られた一階のカウンターの中で、店主のバーテンダーが忙しく働いていました。二階に通されて仲居さんに料理の注文をしていると、彼女が挨拶にやって来ました。着物を女将《おかみ》風に着こなし、どこから見ても立派な居酒屋の女主人に見えました。

会計を済ませて帰り際、彼女は傍《そば》に来てそっと私の袖《そで》を摑《つか》み、「ごめんなさい」と小さく囁《ささや》きました。ただ言葉もなく、黙ってうなずく私でした。

それからバーテンダーと彼女の経営する店、「つぼ八」は、破竹の勢いで札幌市内に店舗を展開していきました。そのたびに招待状が届きましたが、再び訪れることはありませんでした。

裏本の商売をするようになり、五十店舗近くの店を道内に作りましたが、その近くには決まって「つぼ八」がありました。恋敵《こいがたき》が商売敵となって、商売では負けないぞ、のプライドが「つぼ八」の店の近くにわざわざ「ビニ本店」を開かせたのです。

その後、「つぼ八」は道内はおろか全国展開をはたし、創業者の元バーテンダー石井誠二《いしいせいじ》氏は、「居酒屋ビジネスの元祖」の名経営者としてその名を轟《とどろ》かせます。「つぼ八」は多くの居酒屋経営者を輩出しましたが、「和民」などで知られるワタミ株式会社創業者の渡邉美樹《わたなべみき》氏も、石井学校の生徒を自任している一人です。石井氏はその後、「つぼ八」の経営から手を引き、新たな飲食店経営で成功を収めたのち、事業を売却したと聞きます。

一度の挫折《ざせつ》をものともせず、「北帰行《ほっきこう》の敗北」から見事東京に凱旋《がいせん》をはたした「恋敵だった男」の知られざるヒストリーです。

「恋敵」から学んだことは、恋ばかりでなくおカネ儲けも、願い続けて努力を重ねていれば、思いはいずれ天に通じる、ということなのでした。

10 稼ぐコツ③

チャンスが二度も扉を叩くとは思うな。
――フランスの劇作家　セバスチャン＝ロッシュ・シャンフォール

インベーダーゲームのリースに手を染めたのは、『エンサイクロペディア』のセールスマン時代の友人のすすめがあったからです。一台八十万円と高価なものでしたが、手元にあったおカネの百六十万円を投資して、業務用のテーブル型インベーダーゲームを二台購入しました。それを知り合いの喫茶室に設置すると、数日も経たないうちに「故障したから修理に来てほしい」とマスターから電話が入ったのです。

駆けつけて台を鍵《かぎ》で開けてみると、中には百円玉がいっぱいに溢れていました。故障ではなく、コイン挿入口が詰まっていたのです。中から百円玉を掻き出して、事なきを得ました。集めた百円玉を数えてみると三十万円近くになりました。たった数日間でなんというこ

インベーダーゲーム
ブームの中で出会った
若き日の任天堂・山内社長。
ビジネスで成功するには
冷静さと情熱が必要だ
と教えられました。

とだ、とビックリしました。レンタルしたお店との取り分の比率は三対七でした。お店に三割、リース業者の私に残りの七割、という配分です。

二週間も経たないうちに二台のインベーダーゲームで百五十万円の売り上げとなり、約百万円の利益が出ました。儲けたおカネは全部、新しいインベーダーゲーム機の購入に再投資しました。

半年ほど経つと、手持ちのインベーダーゲームは五十台を超えるようになっていました。それでも「設置をしてほしい」というほうぼうのお店からの要望が絶えませんでした。しかし、業界ではインベーダーゲームは品薄となっていて、入手困難な状況でした。手を尽くしてルートを探しましたが、なかなか希望の台数を手に入れることができませんでした。

自衛隊の中にある設置店からも追加注文がきていました。自衛隊は大のお得意さまで、街でリースするより二倍の売り上げが見込めました。なんとかならないか、の焦《あせ》る思いは募《つの》るばかりでした。「金のタマゴを産むニワトリ」となったインベーダーゲーム機を手に入れるために大阪、九州まで出向いて探し歩きました。

そんな時、「京都の『任天堂』という会社が新たなインベーダーゲーム機を発売するらしい」との情報が耳に入りました。ソレ行け、とばかりに現金二千万円を鞄に詰めて京都へ向かいました。

その頃の任天堂は、木造の二階建てでお世辞にも立派とは言えない社屋でした。歩けばギシギシと音が鳴る床が不安を掻き立てます。事務所の片隅の、ついたてで仕切られた応接室に通されると、事務員さんがお茶を運んできて、テーブルの上に置きました。するとそのお茶の入った茶碗がスーッと手前のほうに十センチほど移動したのです。床が傾いているせいでした。

当時の山内《やまうち》溥《ひろし》社長が応接に顔を出されました。まだお若く、知的で上品な雰囲気を漂《ただよ》わせておられました。テーブルの上に二千万円の現ナマを置いて、「御社のインベーダーゲーム機を分けてほしい」と頭を下げました。突然の現ナマ攻勢に、山内社長は動揺を隠しきれず、慌てて経理部長を部屋に招き入れました。

正直なところ、内心では「こんなトランプや花札の商いをしている会社に、二千万円もの前渡金を支払って大丈夫だろうか」との不安がありました。しかし、ここまできたら後戻りはできないと決心し、領収書を貰い、一カ月以内に四十台のインベーダーゲーム機を納品してもらう約束をして応接室を後にしました。

会社を出て振り返ると、玄関口で山内社長と経理部長がこちらを見送り、深く頭を下げていました。その丁寧なご挨拶を受けて、逆に再び、本当に大丈夫だろうか、との思いが頭を過ったものです。


約束の四十台は、期限より二週間も早く届きました。それらを早速注文のあったお店に設置して大儲けすることができました。最初に百六十万円を投資してゲーム機のリース業を始めて一年半後には、手元に約七億円の現金とおよそ七億円分のインベーダーゲーム機が残りました。社員を使わず、たった一人でこれだけのカネを残すことができたのですから、インベーダーゲーム様々でした。

大のお得意さまであった自衛隊では千歳《ちとせ》の第七師団と第二航空団、恵庭《えにわ》の第十一戦車大隊、島松《しままつ》の施設大隊、とレンタル先を広げていき、巷《ちまた》の喫茶店にはポーカーゲームなども設置をしていきました。

しかし、ブームはアッという間に終焉《しゅうえん》を迎え、ゲーム機のリース業からの撤退を余儀なくされ、私はビニ本商売に鞍替《くらが》えしたのです。

いっぽう、任天堂はそれまでトランプや花札の商売で構築した販売の全国ネットワークを駆使して「家庭用ゲーム機」の販売を始めました。そして「流通を制する者は商売を制する」の格言通り、それまでの競争相手だったセガやナムコ、タイトー、データイーストなどのゲーム機器会社を圧倒して、「世界の任天堂」へと羽ばたいていったのです。

ビジネスで成功する秘訣は、情熱を全力で注げる「時代に先駆ける」ものを見つけることと、それが今、世の中に求められているのか、の冷静な見極めです。業務用ゲーム機の販売を通じて、百円玉の山を惜しげもなくゲーム機に投入して熱中する大衆とのかかわりの中で培《つちか》った「ゲームビジネス勘」が、その後の「世界の任天堂」の発展に大きく寄与し、家庭用ゲーム機「ファミリーコンピュータ」や携帯型ゲーム機「ゲームボーイ」を誕生させたのでした。

わずか一時間足らずの面談でしたが、世界の任天堂の黎明《れいめい》期に立ち会えたことは貴重な体験となりました。

人間の一生には、人生を決するようなおカネ儲けの好機が何度か訪れます。その波にうまく乗れたら未来は大きく変わるのです。大きな波がやって来たら、怖《お》じ気《け》づくことなく、チャンスだと思って飛び乗る勇気を失わないことです。

11 稼ぐコツ④

「欲がない人間」「好奇心のない人間」に用はない。
――ソニー創業者　盛田昭夫

倒産して借金を五十億円背負ったことがあります。一九九二年、私が経営していたダイヤモンド映像が業績悪化により潰《つぶ》れてしまったのです。その借金のうち、「よんどころないところ」から借りたおカネがありました。このおカネを返済しなければ、雲隠れしなければならない状況でした。返済するために二年間で約千五百本のAVを撮りました。そこからの利益で二十億円を作り、ようやく一息ついたのです。

来る日も来る日もAVを撮り続け、編集に明け暮れていた日のことです。事務所のチャイムが鳴りました。事務所と言っても六本木《ろっぽんぎ》の裏通りに建つ古い雑居ビルで、編集専用に借りていた十畳足らずの狭い部屋でした。周囲との交流をほとんど断って撮影、編集に没頭していましたので、「誰かしらん」と訝《いぶか》しく思いました。ドアを開けると人の好さそうな五十代の中年男性がいました。

「どちらさまですか」と尋ねると、中年男性は「私はこういう者でございますが……」と名刺を差し出されました。名刺には「株式会社大創産業代表取締役社長　矢野博丈《やのひろたけ》」と印字されていました。大創産業と言えば、全国に百円ショップ「ダイソー」を展開していることで知られる有名企業です。その社長さまが何用あって突然の訪問を、と驚きましたが、とりあえず事務所の中にご案内してお話をうけたまわることにしました。

社長さまは「監督のことはIさんから聞いて、よく存じ上げております」とおっしゃられました。Iさんは私の古くからの友人で、このボロ事務所にも何度か顔を出したことがある、ラーメン店を数店舗経営している男性です。人柄のいい、好人物です。そのIさんにこの事務所の場所を聞いてやって来た、と言うのです。

Iさんの紹介、ということで心が和《なご》みました。形ばかりの小さな応接室で向き合うと、

「実は監督がお持ちの作品をVCD（映像の見られるCD）にして、私の店で販売させていた

たった一人で訪ねてこられた
「ダイソー」の矢野社長さま。
自分が現場に出向き
体を張ってきたからこそ、
「百円ショップの王国」は
築かれたのです。

だけないかと思ってお願いにあがりました」と社長さまは単刀直入に用件を切り出されました。「現在ダイソーは全国に千店舗近くあります。その店ではじめての試みとして、監督の作品をVCD化して販売してみたいのです」と意欲を見せられたのでした。作品の中身は新作撮りおろしでなく、旧作でいい、とのことです。

問題は卸《おろし》価格でした。ダイソーは百円ショップとして知られたお店です。販売するとなれば価格はもちろん百円となるのですが、百円で販売するためには、卸価格がどの程度になるかが問題でした。社長さまは「五十円を切った値段でお願いしたい」と金額を提示してきました。五十円を切った価格で卸《おろ》すことは注文の量次第では可能でした。

「全国の店舗で販売しますから、初回は二百六十万枚の注文をします」とおっしゃるのです。「二百六十万枚」と聞いて目をムキましたが、全国に千店舗近くを展開するのであれば、とうなずける数字でした。

VCD二百六十万枚の注文は、おいしい商談でした。が、越えなければならないもう一つの壁がありました。VCDを製造して納品するにしても、悲しいかな、それを製造するためのおカネが手元にありませんでした。業者に二百六十万枚のVCD製造を頼めば、前金を要求されることはわかっていました。これまでVCDの製造の取引をしたことがないのですから、なおさらです。

社長さまは私の心の内を察したように、「代金は前金で全額お支払いします」と申し出てくださいました。

一週間後、社長さまから契約書が送られてきました。署名、捺印《なついん》して送り返すと数日後、代金の一億円近いおカネが銀行に振り込まれてきました。それから一カ月後、無事、二百六十万枚のVCDを工場直送で納品し、契約を終えることができました。この契約で約三千万円近い利益を上げることができ、慢性的な手元不如意《てもとふにょい》の身をしばし潤《うるお》すことができたのです。

それにしても、でした。天下のダイソーの社長ともあろう人物が、わざわざご自身でよく訪ねてこられたものだ、と感心しました。何人もいるであろう部下を差し向けてもおかしくなかったでありましょうに、直接現場に出向いてこられたのです。

社長さまはこれまでも自分のお店で売る物を決める時、その仕入先に自ら出かけていって、確認し交渉をして取引を結ばれてきたのでした。自分で現場に出向いて、体を張って確かめてきたからこそ、一代で、日本はおろか、今や世界に羽ばたくあれほどの「百円ショップの王国」を築き上げられたのです。成功を獲得すると、大企業病に陥り、冷暖房のきいた豪華な社長室のソファにふんぞり返って偉そうに指図をするのが仕事、と勘違いしている欲深い俗物とは違いました。

部下も連れずにお一人で突然やって来て、鍛《きた》えてきた「目利き《めき》」を働かせ、「利益が出る」とわかれば即断即決で商売をまとめていかれたのです。

それゆえに、前渡金として振り込まれた一億円をリスクなどとは思われなかったのでしょう。ダイソーの店舗の前を通るたびに、「好奇心」で目を輝かせ、編集中の映像を食い入るように見ていた社長さまが、手土産にお持ちくださった「岡山名産のカマボコ」の味を懐《なつ》かしく思い出すのです。

12 給料とは何か

貧乏人とは、多くを持たざる者ではない。多くを欲する者のことを言う。

——スウェーデンのことわざ

給料はいくら貰ってもこれでいい、もう沢山だ、ということはないものです。自分の実力と比べて少な過ぎる、と貰う側の人間は常に思います。いっぽう、よくしたもので、払う側の人間も、いつも成果の割に払い過ぎている、と考えています。少な過ぎる、多過ぎる、との欲求不満が渦巻いているのが会社組織の現実です。

しかし、仕事を「給料を貰うため」だけととらえず、技術や知識を身につける修業の場と考えれば、収入のことで不平不満を口にすることはなくなります。収入にいつも不満を抱《いだ》くのは、仕事は労働力の提供ととらえるだけで、経験の蓄積であるという考えを持つことができないからです。仕事は毎日「経験」という大きな貯金をしてくれます。仕事を成し遂げたあとに芽生えるプライドほど、人間にとって貴重な財産はありません。

AVの草創期、「村西軍団」と称される撮影チームを率《ひき》いていました。助監督たちを含めて七人のチームで、三百六十五日、一日も休まず働き続け、まさしく鉄の結束を誇る「七人の侍」でした。

そんなある日、事務所の前にパトカーが停まり、警察官がやって来ました。何事かしら ん、と玄関に出てみると、警察官の後ろに一週間前に入ったばかりの新入社員が立っています。「どうしましたか?」と警察官に尋ねると、「コチラの青年が荷物を取りに行きたいので助けてほしい、と交番に来たのです」と言うのでした。

新入社員氏は四六時中寝食をともにする劣悪な生活に耐えきれず、「煙草《たばこ》を買いに行ってきます」と嘘《うそ》をついて逃げ出し、警察に駆け込んだのです。体一つで出てきたために、銀行のキャッシュカードや保険証もそのまま置いてきたので一緒に取り戻しに行ってほしいと警察に頼んだ、という顛末《てんまつ》なのでした。まったく、なんという小心者でしょう。早々に荷物を渡してお引き取りいただきました。

収入に不満を抱くのは、仕事は労働力の提供ととらえるだけで、経験の蓄積であると考えていないからです。

またある日、一組の若い男女のカップルが、「出演を希望している」と面接にやって来ました。若い女性のほうは、キュートな松《まつ》たか子《こ》さま似の美形でした。しかし、出演を希望しているのは若い男のほう、でした。男は「私がバイクで海へ、崖の上からダイブをするのでそれを撮ってほしい。命がけの冒険だからそのシーンを撮影してビデオで売れば大儲けできます」と熱弁をふるうのです。

男にはまったく興味がないので、とお断りしましたが、傍《かたわ》らの若い女性が気になって仕方がありません。男を応接室の外に連れ出し、「彼女をAVデビューさせないか?」と誘いました。

すると男は、待ってましたとばかりに「条件があります」と口にしました。「どんな条件?」と尋ねると「ポルシェを買ってほしい。住むマンションと家具を用意してほしい。それに当座の生活費に三百万円をください」と宣《のたま》うのです。合計で二千万円近い出費になりますが、連れの若い女性にはそれだけの価値があると判断し、私は即座に承諾しました。

男は一人で応接室に戻り、彼女と十分ほど話をしたのち呼びに来ました。私が部屋に入ると、彼女はペコリと頭を下げて「よろしくお願いします」と恥ずかしげな表情を見せました。若い男には約束のモノをすべてそろえて渡しました。交換条件は「今後二度と彼女と連絡を取らないこと」としました。

その後、男は最初から彼女をAVデビューさせる目的で面接にやって来ており、「崖からバイク」の話は、嫌がる彼女を面接に連れてくる口実だったことを知りました。彼女はヒモのようにつきまとっていた男とようやく縁が切れ、晴れ晴れとした表情を見せていたものです。念願のモノを手にした男でしたが、それから六カ月後、姿をくらましました。悪い仲間とイザコザを起こし、東京から消えなければならない事情ができた、との話でした。

彼女のほうはAVデビューをはたし、期待通りに人気を博し、トップ女優への階段を駆け上がりました。

この時代、スタッフの日常は過酷なものでした。毎月二十本ほどのAVを制作していましたので、撮影の準備から始まり、撮影中にはカメラマン、照明、音声、男優をこなし、終われば編集、広報、事務所の掃除からポスター、パンフレットの発送、専属女優のイベントの送り迎えと、朝早くから夜中の二時、三時まで目の回るような忙しさが続きました。

彼らには、ボーナスとしておカネの入った袋がテーブルの上に立つほどの額を支給しました。が、なによりの報酬となったのは、七年間に及ぶタコ部屋生活の中で辛抱の末に摑んだ撮影のノウハウでした。彼らのうちには現在、日本最大手のAVメーカーの会長の職にある者や、異色のフェチ専門ビデオメーカーの社長として成功している人物や、人気のAV監督として活躍している男たちがいます。

「下足番を命じられたら、日本一の下足番になってみろ。そうしたら、誰も君を下足番にしておかぬ」（阪急阪神東宝グループ創業者　小林一三《こばやしいちぞう》）

彼らは貰う給料より仕事を追いかけて、やがてゆるぎない地位とあり余るほどのおカネを手にし、「稼ぐ」人生の成功者となったのです。

13 会社員の価値

雨を感じられる人間もいるし、ただ濡《ぬ》れるだけの奴らもいる。
――ジャマイカ出身のレゲエ・ミュージシャン　ボブ・マーリー

仕事の選択の自由はありますが、その先の仕事の厳しさに選択の自由はありません。働くということは、常に激しい生存競争にさらされます。適者生存の競争原理です。私たちはそうした厳しい競争社会に生きることで、同時にベストな商品やサービスを手にすることができているのですから、競争社会をいたずらに忌避《きひ》することなく、むしろ福音《ふくいん》と受け止めるべきです。

会社が勝ち残るには、社員のチームワークの力が必要です。野球はエースと四番だけで勝つことはできません。ライトで八番の人間の頑張りがなければ、チームが負けてしまうことを、エースや四番はよく知っています。企業はスーパー社員を求めてはいけません。スーパー社長もいらなければ、スーパー社員の出現に頼ることもなく、全社員の力を結集させて勝ち抜くのがビジネスという戦場の掟《おきて》です。求められるのは、自分のポジションを全力投球で死守することのできる人間です。

ベンツのセールスマンは一千万円単位のベンツを売っても、得る報酬は数万円にも満たないわずかな金額です。それでも不満を持つことはありません。ベンツが売れたのは単に自分の営業能力だけではなく、ベンツという伝統のブランド力、車の性能、マーケティング、整備と広報のチームワークあってのこと、と理解しているからです。

増上慢になって「会社は自分でもっている」と勘違いをしている人間は、体内に紛《まぎ》れ込んだ異物と同じで、いずれ組織からハジき出されてしまいます。モノを作る人、モノを運ぶ人、モノを売る人、のチームワークで世の中の仕事が成り立っているのです。

AVの撮影でも、監督がいくら、俺が俺が、と言っても、女優と代われるわけではないのです。たとえハメ撮りであっても一人では成り立ちません。

映像は総合芸術と言われます。出演者や制作スタッフ、音楽、照明、編集、メイクアップスーパー社員はいりません。
求められているのは、
自分のポジションを
全力投球で死守する
ことのできる人間です。

アーティスト、スタイリストといったチームが、監督の目と耳と鼻となって働くからこそ、作品が誕生するのです。どちらが上とか下とかではありません。右手より左手、右足より左足が重要、ということではないのです。それぞれが有機的に働いてこそ、力が何倍にもなって発揮されます。

俺はたかが平社員だ、という考え方もまちがっています。「俺はたかが肝臓だから」と内臓は言うでしょうか。

ハリウッドに、もうすぐ九十歳を迎える白髪のメイクアップアーティストがいます。新人女優が鏡の前に座り、はじめての出演シーンを控えて緊張のあまりブルブルと震え、目には涙さえ浮かべています。そんな時、この白髪のメイクアップアーティストは背後から近づき、「お若いの、何を怖がっているんだい。心配しなくてもいいよ。誰だって最初の男の時とカメラの前では怖くなって怖じ気《おけ》づくもんだから、心配しなくてもいいんだよ。今から六十年前、あのマリリン・モンローだって、その鏡の前で同じように涙を浮かべて震えていたもんだよ」。

その一言を聞いて、新人女優は憑《つ》きものが落ちたように、晴れ晴れとした表情へと変わるのでした。この白髪の女性は、今日ではハリウッドで「生き字引」として知られる伝説のメイクアップアーティストです。これまでの半世紀以上の歳月で三万人を超える女優のメイクを担当してきました。

メイクの秘訣は上手下手でなく、いかに女優に気に入ってもらうか、です。見事な出来栄《できば》えでも、気に入らないメイクアップアーティストにメイクを施されると、女優は演技に気が乗りません。メイクを気に入ってもらうためには、テクニック以前に女優に人間性を気に入ってもらい、信頼関係を築く必要があります。

経験の浅い時代には、伝説のメイクアップアーティストも気まぐれな女優のご機嫌を取り結ぶことが上手ではありませんでした。ある大女優のご機嫌を損ねて二年間ほどハリウッドから追放されたことや、また別の女優のあまりにも横暴な態度に耐えかねて取っ組み合いの喧嘩となり、相手の髪の毛を引き抜き、莫大な慰謝料を請求されたこともありました。さすがにこの時はこたえて、長く伸ばしていたお気に入りだった髪を切り、女優のもとへと謝りに行きました。彼女の謙虚に詫びる姿に感動したその女優とはその後、仕事を超え、プライベートでも大親友の間柄となりました。

白髪のメイクアップアーティストは「仕事は支え合うもの」と考えています。今まで沢山の女優に支えられて六十余年、生き馬の目を抜くようなハリウッドの最前線で仕事をしてこられたのも、彼女を支えてくれたスタッフ、女優のおかげでした。今では「今度は自分が支える番だ」と考え、特に若い新人女優には言葉をかけ、励ますことを心がけています。

「六十余年のメイクアップの仕事で女優を支えてきたなんて嘘です。私のほうが支えられて仕事ができてきたんです」。彼女のこの言葉は、社長であれ社員であれ、働く人間が等しく持つべき精神のありようを示唆《しさ》しています。

今は下っ端の部下でも、明日往《ゆ》く道は上司の道。上下関係にとらわれず懸命に自分の使命を尽くしなさい、ということです。

14 ブラック労働は悪か

明日死ぬとしたら、生き方が変わるのか。
あなたの今の生き方は、どれくらい生きるつもりの生き方なのか。
――アルゼンチン出身の革命家　チェ・ゲバラ

働き過ぎは悪い、は公務員だけに通用する「お花畑」の理屈です。これで人生が終わってもかまわない、と死ぬ気で働いている一般企業に勤める人間には「悪い冗談」にすぎません。労働は「質」が伴《ともな》わなければ「量」で補《おぎな》うことは当然のことです。

一流のアスリートは、人間の限界を超えるギリギリのところまで追い込んで自分を鍛錬します。時間の長短は問題ではありません。目標とする記録を達成するまで、時間に関係なく練習を続けます。求めているのは目標にどれだけ近づくことができるか、だけなのです。

労働において時間の長さだけを気にしているのはナンセンスです。目標に近づくことができなければ、努力する時間を長くして頑張るのは当然のことなのです。農業や漁業に従事する人たちが時間を気にして働いていたら飢《う》え死《じ》にしてしまいます。早朝、まだ朝星が煌《きら》めく時間に畑に出て、夜星が輝く時間になってようやく家路につくことで、必要な収穫を得ることができているのです。漁師は波が少し荒いといって躊躇していたら、漁のチャンスを逃してしまいます。勇気を振り絞って海に出て、何度も何度も網を漁場に投げ入れ、目標の魚を獲《と》り、錨《いかり》を上げるのは港に灯《あか》りがともる頃です。

世に「プロフェッショナル職人」と言われる職業人で、働く時間を気にしている人はいません。成果を上げるまで時間にとらわれず働くからこそ、仕事が成り立っていることを知っているからです。

公務員のお仕事は「お手玉のゲーム」のようなものです。お役所仕事を基準にしていたら、資源に乏《とぼ》しい日本は滅んでしまいます。

倒すか倒されるかのラグビーやサッカーの試合のような真剣勝負をしている一般企業のサラリーマンにとって、「働き過ぎ」なんぞは「タワゴト」にすぎません。ビジネスの戦いに

プロフェッショナルな職業人で、
働く時間を気にする人はいません。
労働の時間の長さだけを
気にするのはナンセンスです。

は、「参加することに意義がある」のオリンピック精神などありません。参加した以上は勝たなければ、枝ぶりのいい木を見つけてロープを吊《つ》るし、首を括らなければならなくなるのです。

働くとは、質と量との成果が同時に求められる厳しい方程式を背負うことです。一人前になるまでには、幾多の失敗を乗り越える強靱《きょうじん》な精神力が求められます。古代ギリシアの三大悲劇詩人として知られるアイスキュロスは「苦しみの報酬は経験なり」と言っています。愚か者、と笑われようとも、けっしてあきらめることなく挑戦を続けた先に、社会で有用なキャリアが身につくのです。

AV男優を志《こころざ》しても、すぐに人気のAV女優さまとの共演をはたすことはできません。最初は汁男優としてのデビューです。一日拘束されて射精をなし、五千円の日当です。次はAV女優さまを相手のお仕事ですが、「相手」といってもカラミは一切ありません。縄でグルグル巻きにされて吊るされた挙句、S女のAV女優さまにロウソクをたらされ、バラ鞭《むち》でシゴかれながら、興奮のあまり射精する、というM男の役柄です。

このハードルを乗り越えると、ようやく女優さまとのカラミの仕事が舞い込んできます。女優さまと言っても、新人AV男優のお相手役は義母や義祖母役の五段腹の熟女女優さまです。ムッチリとした肥《こ》え気味の裸体を抱え上げて、軽《かろ》やかな駅弁のステップを踏むことを求められます。

こうした「試練」をクリアして人気のAV女優さまと共演できるようになるAV男優は百人に一人、の狭き門です。一人前のAV男優になっても仕事の過酷さは続きます。カラミの現場では三時間、四時間の奮闘は当たり前で、演技や待ち時間を入れると、一日の拘束時間は十六時間を超えることなど珍しくありません。それでいて報酬は四万円前後です。そして用を足さなくなるとアッサリと切られる運命の、何の保証もない仕事です。見方にもよりますが、「ブラック」と言えばこれほどの「ブラック」な仕事はないかもしれません。

仕事の本質とはなんでしょうか。「ブラック」であれ働き過ぎであれ、そんなことは関係ないということです。

ラーメン屋のオヤジは、朝早くの仕込みから夜暖簾《のれん》を下ろすまで、十数時間ブッ通しで働いています。オヤジにとっては満足のいく味のラーメンを客に食べてもらうことが重要で、労働時間の長短などどうでもいいのです。仕事は、自分が満足できれば、労働時間の長さで測《はか》れるものではないのです。仕事の満足は、自分がどう思うかではなく、お客がどう思うかに左右されます。お客さまに「満足のいくサービスができませんので」とあきらめてもらうわけにはいかないのです。

「こころよき疲れなるかな　息もつかず　仕事をしたる後《のち》のこの疲れ」（歌人　石川啄木《いしかわたくぼく》）

働かなくてもおカネのある人生を幸福だとは思いません。人生の幸福は、ブラックであろうが過重労働であろうが、その仕事を通じて自分は何者であるか、その価値を確認できる喜びのうちにあるのです。

15 自分の値段

男が人の上に立って成功するには、方法はたった一つしかないぞ。それは過去に誰もやったことのないことを、一生懸命やることだ。

——プロレスラー　力道山《りきどうざん》

AV女優さまを採用する時に重視するのは「落差の大きさ」です。

AV女優さまの出演料は、その方がお持ちになっている「エロティシズム」で決まります。「エロティシズム」とはなんでしょうか。それは「性の希望と死の絶望」のコントラストのことを言います。「アソコ」は「モノ」であって「エロス」ではありません。「エロス」は「モノ」に宿るのではなく、頭の中で描かれる妄想の世界に存在します。

吉永小百合《よしながさゆり》さまという女優がおられます。美しいたたずまいと気品と知性に溢れたお顔を拝《おが》むたびに、年甲斐もなく自制心を失ってしまいます。あくまでもしも、のお話ですが、もしかして、小百合さまの足の付け根に秘匿《ひとく》している小陰唇が思いがけずにも鶏《にわとり》のトサカのように大ぶりで、なおかつブラウンの色彩を帯びて濡れ光っているのを視認したならば、そのあまりの落差に興奮が極まります。

このドキドキ感を「エロティシズム」と言うのです。AV女優さまを採用する時には、外見の可愛らしさ、ナイスなボディや性感度、感受性を確認しつつも、落差の大きな女性を選ぶようにしています。

これまで約三千本のAV作品を撮ってきましたが、最も価値ある存在として、迷うことなく「黒木香《くろきかおる》」さまを挙げます。彼女は横浜国立大学の現役の女子大生でした。イタリアに宗教芸術を学びに留学する費用を稼ぐためのAV出演でした。最初の撮影は那須《なす》高原のコテージで行なわれました。イメージでは「草原をかける美少女」のAV作品を撮る予定でした。が、実際に撮影に入ってみると、まったく予想は外れました。草原の美少女どころか、その正体は「SEXジャングルの王様、女ライオン」であったのです。

私は通常、撮影する前にはAV女優さまと二人きりで予行演習することをルーティンにし

自分に対する評価は
社会がつけます。その意味で
女性の「セクシュアリティの扉」を
こじ開けた黒木香さまは
大きな価値のある存在でした。

ていました。黒木香さまと別室で二人きりとなり、撮影する段取りを教えていました。AVは所詮《しょせん》作り物ですから、SEXの真実を真実らしく訴える「様式」があります。たとえば、普段のプライベートでのSEXの時より二倍大きな声を出す、とか、目はクリトリスよりエクスタシーのポイントだから閉じないようにする、とか、手はけっしてダラリと遊ばせることなくシーツを摑んだり、相手を抱き締めたり、の動きを見せる、といった案配の約束事を教えるのです。

そうしてはじめからの流れと段取りを、手取り足取り教えるのでございますが、彼女の一つひとつの反応は想像をはるかに超えて凄《すさ》まじいものでした。まさに手かざししただけでイキまくるかのように、全身性感帯の持ち主であったのです。

彼女の感度の凄《すご》さと快楽絶頂の声に時間を忘れ、三十分の予定だったレッスンタイムは気がつけば六時間近く経っていました。週末のことでコテージには家族連れも多く、外を歩く少年の「お父さん、何か獣《けもの》のような鳴き声が聞こえるよ」という声が聞こえてきました。するとか父親の慌てたような、「そうだね、オオカミの声かもしれないね」の言葉とともに、家族が走り去っていったものです。

スタッフの待つ撮影用の部屋に場所を移して早速撮影がスタートしました。それから二時間余り、たがいの命を懸《か》けたせめぎ合いが続き、『SMぽいの好き』という作品が誕生したのです。

この作品はそれまでの日活ロマンポルノに象徴されるような、エロスを表現するのに暴行や強姦、痴漢、といった暴力を介在させる作品とは趣《おもむき》が違いました。男と女が素っ裸となって、赤裸々な性をありのままにぶつけ合い、その拮抗《きっこう》する性を映像で切り取った画期的な作品となりました。折しも一九八六年、男女雇用機会均等法が施行され、女性の時代の幕開けを迎えていました。それまで女性運動家が開けることのできなかった女性のセクシュアリティのぶ厚い扉を、一本のAVがこじ開けてみせたのです。

この作品は多くの女性たちの支持を得ました。女性たちは「自らの性は男性に所有されるものではなく、自分の人生の幸福のために楽しんでいいのだ」と開眼したのです。

彼女のこの時の出演料は百万円でしたが、会社には莫大な利益をもたらしました。レンタルショップ店への販売は三万本程度でしたが、定価一万三千円の『SMぽいの好き』を求めて、全国から約八万通の現金書留が届いたのです。今日、一兆円産業と言われるAV業界にあって、彼女の『SMぽいの好き』は大きなモニュメントとなる作品として位置づけられています。

自分に対する評価は社会がつけるものですが、もし彼女に何かしらの金銭的な評価をつけられるとしたら、その値段は天文学的なものとなるでしょう。なぜなら戦後、伝統芸能や音楽、文学、映画、美術といったあらゆる芸術作品を鑑《かんが》みても、彼女の出演した一本のビデオほど、私たちの文化に大きな影響を与えたものはないからです。

このことは、いずれ社会学者によってきちんと評価される日が来ると信じています。

第3章

おカネを増やす

16 増やす極意

誰かの真似をして英雄・偉人になった者など史上には一人もいない。

——イングランドの文学者　サミュエル・ジョンソン

レンタルビデオ店勃興期の頃の話です。私が事務所に戻ると、スタッフが「またいらっしゃっているんですが……」と困惑した顔を見せています。ステンドグラスの隙間《すきま》越しに応接室を覗くと、レンタルビデオチェーンのTSUTAYAを運営するカルチュア・コンビニエンス・クラブの増田《ますだ》宗昭《むねあき》社長がソファに座っているのが見えました。

この一週間、何度も訪ねてこられていました。お断りしたはずなのになんと執拗《しつよう》なのだろう、と少々不快に感じました。アポイントもなしの訪問です。自分の編集の仕事を済ませることを優先して、その場を離れました。

三十分ほど過ぎ、スタッフに様子を見に行かせましたが、まだ応接室にいらっしゃるとの

資本主義では、
自分だけでなく他人のおカネを
いかに活用するかが重要です。
そのシステムを確立した人間が
覇権を握れるのです。

ことです。これ以上待たせては非礼となります。今日で最後にしよう、と心に決めて、増田社長の待つ応接室へ向かいました。増田社長は部屋に入ってきた私を見て立ち上がり、恐縮しながら「またお伺《うかが》いしています」と頭を深く下げられたのです。増田社長自身、自分の行動がいささか常軌を逸していることを認識されておられたのでした。

向かい合って応接のソファに座るや、「何度も申し上げている通り、ご協力をすることはやはりできません。お断りします」ときっぱりと伝えました。しかし増田社長は断りの文句をモノともせずに、それまでと同じように自分の考えを滔々《とうとう》と述べられるのでした。あきらめない男、でした。

増田社長の提案は、今までのようにアダルトビデオをレンタルビデオ店で「買い取る」のではなく、レンタルビデオ店とメーカーとの間で売り上げに応じて利益を折半する方式に変えませんか、というものでした。

このシステムは、自社の作品に自信があるメーカーにとっては、これまでのように決まった金額での買い取りより利益になります。

当時は一万五千円の定価のビデオを、問屋を通して、その六十%の九千円でレンタルビデオ店に卸していました。それをお店は一泊二日、八百円のレンタル料金でお客へ貸し出していたのです。この流通システムですと、いくら人気のあるヒット作品を世に出しても、メーカー側は九千円の収入しかありません。

これを増田社長は、「レンタルビデオ店とメーカーの取り分を折半の完全歩合配当にしてもっと儲けませんか?」と提案なさったのです。これを「レントラック・システム」と言います。人気メーカーにとっては悪い話ではありません。一回のレンタル料金のうち、四百円がメーカーの収入とすると、ヒット作品をレンタルビデオ店に提供すれば二カ月、六十日間で二万四千円の収入になりますから、おいしい話です。

しかし、この話に安易に飛びつくことができない事情がありました。それまでのAVビデオの流通のほとんどが、問屋を通してのものでした。メーカーがレンタルビデオ店との間でこの「レントラック・システム」を採用することになれば、問屋の商売は上がったりとなります。長い間、問屋のご協力を得て商売をしてくることができてきた立場としては、「こっちの水が甘いぞ」と言われても、おいそれと乗り換えるわけにはいかなかったのです。

信義がかかっていました。私の経営するダイヤモンド映像はその頃、市場の三十五％を占めていました。ダイヤモンド映像の動向で問屋の命運が決まると言っても、けっして大袈裟《おおげさ》ではない状況でした。それゆえに、新しい流通システムに挑戦していた増田社長は、幾度の拒絶にあいながらも懲りずに面会を求めにいらしたのです。増田社長は熱く語り続けましたが、私の意志が揺るがないことを感じ取られると、無念の表情を隠しきれぬまま、肩を落として帰っていかれたのです。

その後、この「レントラック・システム」は米国レンタルビデオ業界の主流となり、日本にもその波が押し寄せて、米国メジャー映画の作品や大手日本映画会社の作品は軒並《のきな》み同システムを採用するようになりました。そしてその波はアダルトビデオにも及び、私の経営するダイヤモンド映像以外のAVメーカーは、こぞってレンタルビデオ店へ「レントラック・システム」での作品提供をするようになっていきました。

この「仕入れ原価がかからず、他人のフンドシで相撲を取る」ビジネスモデルで一番大儲けしたのは増田社長でした。全国のレンタルビデオ店経営者に店舗だけ提供すれば、のちの仕入れ代金は不要、のレンタルビデオチェーンTSUTAYAへの加盟を呼びかけて、アッという間に一千店舗を超える日本最大のレンタルビデオチェーンを確立したのです。

その後、増田社長はTSUTAYAに登録するおよそ一千六百万人のレンタル会員を対象に「Tカード」を発行し、ポイントサービスのビジネスを展開します。今や「Tカード」の実質的な会員数は七千万人を超えるそうで、本業のレンタルビジネスを凌ぐ収益を上げるに至っています。

伝説の柔道家に三船久蔵《みふねきゅうぞう》十段がいます。三船十段は「空気投げ」の秘技で知られています。「空気投げ」とは、自分の力に頼らず相手の力を利用して投げ飛ばす技です。

増田社長の「レントラック・システム」でのレンタルビデオチェーン展開や「Tポイント」商法は、まさしくこの相手の力を利用して勝利を収める、「空気投げ」を彷彿《ほうふつ》とさせます。応接室のステンドグラス越しに見た、ジッと目を閉じて微動だにしない増田社長の姿は、三船十段にも似て「武士《もののふ》」のたたずまいでした。

資本主義の経済では、自分のおカネだけではなく、他人のおカネをいかに活用するか、が肝要です。そのシステムを確立した人間が覇権を握ることになります。たとえるならば、自分の家の前に高速道路を通して料金所を置き、黙っていても毎日チャリン、チャリン、とおカネが落ちてくるがごとき「川の流れ」を作ること、が商売のポイントなのです。

17 儲けるためには

ひとつ、自分の好きなことを何年も何年も一生懸命やっていれば、絶対にカネで苦労しない。これは私の持論です。

――映画評論家　淀川長治《よどがわながはる》

「裏本」時代は、撮影から自社工場での印刷・製本、販売まですべて一手に引き受けてやっていました。そうすることが一番合理的で儲かると思ったからです。裏本は五十二ページでした。定価一万円で売っていましたが、内容は無修正の本番撮影でしたので、一万円と高価だったにもかかわらず、飛ぶように売れました。法律に違反している内容でしたが、表紙は洋服を着ている女性の写真ですので、警察当局は販売している書店にヤミクモに入り、摘発するワケにはいきませんでした。

その上、ビニールの袋に入っているのですから、購入しなければ中を見ることができません。現在では、わいせつ物や違法薬物を購入して摘発することは、「買い受け捜査」として認められているそうですが、当時は、警察官が摘発するために裏本を購入することは、「オトリ捜査」として禁止されていました。法律の盲点をついた、なんとも巧妙な商売が「裏本」だったのです。

裏本ブームの最盛期には、歌舞伎町だけでも二十軒近くの店がありました。店の中は昼間からお客が引きも切らずで、外まで溢れていました。お得意さまの、歌舞伎町の中でも一番売れていた店の二階に行くと、店主が数人のスタッフとともに一心不乱に本をビニールに詰めていました。

次から次に売れていくので、現場は慌《あわ》ただしい限りです。店主の足元を見ると、階下のレジから運ばれてきた一万円札が段ボールに山盛りになっていました。それを店主が足で踏みつけながら、ビニール袋詰め作業を行なっていたのです。あの歌舞伎町の店だけでも、週末の多い時には一日だけで三千万円の売り上げがあったと言います。笑いが止まらない、とはあのことを言うのだと思います。

八十歳を過ぎた今も、
ナイスなスケベ投稿写真を選ぶ
名物編集者。
儲けるためには
生涯を貫《つらぬ》く仕事を持つ大切さ
を教えてくれます。

一冊のビニ本（裏本）を撮影するのに百万円かかりました。男優、女優、カメラマン、メイクに撮影場所の代金を入れると百万円が相場でした。それを現像に出すと、特別なネガフィルムの現像ということで、フィルム一本の現像代が一万円かかりました。一冊のビニ本には最低でも十本の三十五ミリ、三十六枚撮りのフィルムを使用しましたので、現像代だけでも十万円かかりました。それを製版し、印刷してA4版五十二ページの本に製本すると、五千冊を印刷して合計五百万円の制作費となったのです。

一冊あたりの製造原価は千円です。これを全国の「カバン屋」と称する問屋に一冊二千円前後で卸しました。五千冊全部売れると五百万円の儲けでした。毎月十タイトルほど発売していましたので、五千万円の儲けになりました。私はこれとは別に、北海道に五十店舗近くの直営のビニ本店を経営していました。その店では原価千円で作ったビニ本を一冊一万円で売っていましたから、ボロ儲けでした。

販元で販売する十タイトルのビニ本と、北海道の直営店約五十店舗の売り上げを合わせると、すべての経費を差し引いても毎月一億円の利益が手元に残りました。製造、印刷、流通、販売を独占していたからこそ獲得できた利益です。

しかし、ブームは長くは続きませんでした。わずか三年足らずで日本全国からビニ本店が姿を消しました。警察の厳しい取締りにあったせいです。どんなに儲かる商売でも、合法的な仕事でなければ長くは続かない、というわかりきった結末です。

儲かるシステムを作ることは商売で最も肝心《かんじん》なことですが、商売で儲けるためにそれ以上に大切なことは、継続すること、にあります。まさしく「継続は力なり」なのです。

エロ本出版業界で著名な出版社の経営者がいます。八十歳を過ぎた今日においても経営者兼編集者として第一線で頑張っておられます。社長の座を息子に譲《ゆず》って、会長職にありますが、編集者としては現役です。会長の出版社で最も売れ筋の本は、若者向けの投稿雑誌です。会長はその投稿雑誌に載《の》せるため、読者から送られてくる写真の選別を自ら行なっています。八十歳を過ぎているにもかかわらず、二十代の読者が好む写真を若い編集者より的確に選び出せるからです。

会長が選んだ写真のページは読者に好評です。センスが違うのです。どこを押さえれば六十歳も年下の若い青年たちが喜ぶナイスな一枚になるのかを熟知しているのです。編集は年齢に関係なく、感性が問われる仕事です。会長は、その類《たぐい》まれなる能力で多くのヒットを飛ばし、一代で自社ビルを三棟建てました。

今や、会長はエロ本業界では伝説の人物となっています。会長の冴《さ》えわたるセンスは、「好きこそものの上手なれ」の言葉に象徴される、根っからのスケベ心に由来します。他の追随を許さない無類のスケベだから、青年たちが求めているエロスを的確に読み取り、八十歳を過ぎた今日もベストセラーを生み出し続けているのです。

会長の仕事ぶりを見ていると、「儲かるシステム」とは製造、印刷、流通、販売のシステムを合理的に構築する以前の大切なこととして、生涯を貫く仕事を持つこと、なのだとハッキリわかるのです。

18 ニッチに転がるおカネ

僕の前に道はない　僕の後ろに道は出来る　――詩人　高村光太郎《たかむらこうたろう》

日本は社会が成熟し、かつてのような右肩上がりの成長は望めなくなっています。ＩＭＦ（国際通貨基金）の統計による名目ＧＤＰで見ても、この四半世紀の間で中国は約十七倍、米国も約三倍になっているのに、日本のＧＤＰはほとんど伸びていません。若者たちの間にも「やっても何も変わらない」というヤル気の欠如が「蔓延《まんえん》」しているかに見受けられるのは、実に残念です。

しかし、本当に「どうせ駄目」なのでしょうか。

もはや、やれることはやり尽くしたかのようなＡＶ業界にあって、「まだまだやれる」と快進撃を続けている人間がいます。彼の名前は「ターザン八木《やぎ》」と言います。かつて「村西軍団」と呼ばれた私のチームで助監督を務めていた好漢です。彼はＡＶ撮影で童貞喪失体験をしたAVの申し子のような男です。AV男優としても監督としても高い評価を得たターザン八木氏ですが、現在ではユニークなフェチ・AVメーカーのオーナーとして、経済的にも業界的にも確固たる地位を築いています。

彼の経営するAVメーカーは、基本的にSEXシーンを取り扱いません。「SEXシーンのないAV」専門のメーカーなのです。たとえば彼のメーカーで制作し、最も人気のある作品に「金蹴《きんけ》り」というジャンルがあります。若い女性が高いヒールを履《は》いて、その足で男性の股間をひたすら蹴り上げる、という作品です。この場合、女性は裸である必要はありません。洋服を着たままでいいのです。セクシーポイントは、そこではありません。男性が女性から股間に強烈な蹴りを受けて、苦痛に顔を歪《ゆが》めている苦悶《くもん》の表情が、マニアには何とも言えないのです。

一本五千円の定価のこうした作品はほとんどがネットや通販で販売されていて、ビデオショップの店頭に並ぶことはありません。人知れず日陰に生える隠花《いんか》植物のようですが、新作が発売されると最低でもコンスタントに千本は売れます。

制作原価は出演女優（必ずしもAV女優である必要はありません）に払う出演料の五万円

一本二十万円の制作費で
五百万円を売り上げる
「金蹴り」ビデオ。
ニッチな世界には大きな
ビジネスチャンスがあります。

と、出演男性に払うギャラの一万円、それに現場のスタッフ等の人件費、スタジオ使用料で済みます。出演を希望する男性マニアも多く、タダでもいいからお願いします、という「好きモノ」の出演希望者が引きも切らずとなっています。

全部の費用を見積もっても二十万円足らずの制作費で、それが五百万円の売り上げをもたらすのですから、効率の良い商売です。

ターザン八木氏のメーカーで発売している人気の作品に「掃除機」モノがあります。素っ裸で横たわる男性の上に女性がまたがり、掃除機を手にして男性の股間にあてて吸引のスイッチを押す、というものです。女性の押すスイッチの強弱の刺激を受けて、これまた男性はあられもない姿で喜悦の声を上げてヨガる、という趣向です。

その他に「潮《しお》ラーメン」という作品があります。出演女性がふいた「潮」をドンブリで受けて、そこに茹《ゆ》で上げた中華麵を入れて「潮ラーメン」としてありがたく頂戴《ちょうだい》し、随喜《ずいき》の涙を流す、といったシロモノです。

「もんじゃ」という作品があります。女性にたらふく食事をしていただき、十分後、それを洗面器に吐き出してもらいます。それをあたかも「もんじゃ焼き」のごとく鉄板で熱して食べる、という作品です。

「変顔《へんがお》」という作品もあります。女性の顔をひたすら弄《いじ》り回しては、ひっぱたいたり変形させたりして見せる、という作品です。「罵倒」という作品もあります。洋服を着た若い女性が、バストアップのカメラ目線で視聴者に向かって「バカ、アホ、マヌケ、嘘つき、意気地《いくじ》なし、最低、死んじまえ、人間じゃねえ、男のクズ」と罵詈雑言《ばりぞうごん》の限りを尽くして罵倒する、というものです。

こうした作品群に、その他「ブス専」「デブ専」「老婆」「尻」「足」「ボンデージ」「アナル」「ニオイ」「くすぐり」「おむつプレイ」などの六十種類以上の特殊性欲モノが加わり、さながらフェチズム百花繚乱《ひゃっかりょうらん》の趣を呈しています。

人間の性癖は人間の数だけ違う、と言います。人間のエロスは単なる男女の性交から、多種多様な色彩を帯び、自らのセクシュアリティの赴《おもむ》くままに、自由に選択し楽しむ時代を迎えています。そうした「性の解放」の時代に寄り添い、性の満足を細部にわたって提供するターザン八木氏の経営するフェチマニア専門のＡＶメーカーが大きな収益を上げているのです。

もはやネットでいくらでも無料でAVを鑑賞できる時代に、エロスの映像のビジネスチャンスはどこにもないように思われていますが、どっこい「富《とみ》は細部に宿っている」のです。


衛星放送時代の幕が開《あ》いた三十一年前、私は、「空からスケベが降ってくる」のキャッチフレーズで、衛星放送事業に参加しました。が、今日では、ネットのエロで地球は包まれています。また三十年後は、衛星放送やネットに代わる新しい情報革命が世界を変えているに違いありません。こうした時代に生きて、「欲なし、夢なし、ヤル気なし」に堕《お》ちることなくおカネ儲けをするには、ターザン八木氏に見られるような、メジャーが手をつけないニッチな世界に挑戦することです。

ニッチな世界には大きなビジネスチャンスがあります。一万人に一人のマニアックな性癖の持ち主に「エロス」を届けるだけで、一億二千万人の日本の人口なら単純計算で約一万人の顧客を抱え込むことができます。それらの人に一枚五千円のDVDを販売できれば、実に五千万円の売り上げを達成できるのです。

「人真似はしない。人が真似するものを生み出す」（アサヒビール元会長　樋口廣太郎《ひぐちひろたろう》）

夢のない人間ほど魅力のないものはありません。何をやっても「どうせ駄目だ」と常に無気力だからです。魅力的な人生を送るためには、自分の決めた限界を、それが本当の限界だと思い込む愚かさに泥《なず》まないことです。

19 転職と収入

至上の処世術は、妥協することなく適応することである。
——ドイツの哲学者・社会学者　ゲオルク・ジンメル

転職による収入アップを目指すのは、なかなか困難な道です。世界的な心臓外科手術の名医であっても、病気ならなんでも治せる、というものではありません。胃は、肝臓は、脳は、その道の専門家に任せることが一番です。歯の専門医が眼の病《やまい》を治せるとは限らないのです。かかりつけの家庭医は風邪を治すことは達者でも、妊婦の出産を請《う》け合うことは得手ではありません。

転職によって収入アップを図《はか》ろうとする場合は、このことをよく承知しておく必要があります。たとえ水泳のオリンピック金メダリストでも、卓球では小学生のチャンピオンにコテンパンにやっつけられてしまうのです。

転職で収入がアップするはずが下がって後悔する人は、労働と収入の費用対効果を考えてばかりいるから容易《たやす》く挫折するのです。

その道のプロフェッショナルになるには相当の歳月と努力の積み重ねが求められ、一朝一夕になれるものではありません。

自動寿司握り機で握る寿司と、名人と言われる寿司職人の握る寿司は、同じマグロのそれでもネタ選びと握り方次第で味は天と地ほどに変わります。収入アップを考えて転職したのに、結果として収入が下がってしまったという失敗組の人たちは多くの場合、この蓄積されるスキルを甘く見ていたのです。

しかしながら、家庭の事情でタクシーの運転手がF1ドライバーを目指すかのような、無謀なことに挑戦しなければならない時があります。今の職場で得ている給料では生活や人生が成り立たない、と追い込まれ、収入アップの転職を余儀なくされることがあるのです。

欧米では能力次第で競合他社からそれまで以上の条件を提示されてハンティングされる、というケースは一般的です。ずいぶん変わったとはいえ、いまだに終身雇用の意識が根強い日本では、そうした行為は「裏切り」と受け止められがちなため、踏ん切りがつかない、あるいは思いとどまる方もいらっしゃるのです。

収入アップを図ろうとすれば、これまでの仕事と変わらぬ同業他社への転職ではなく、まったく新しい職種への転職となるケースが多くなります。苦労も多いでしょうが、ここにしか生きる道がないと決めたら、寝る間も惜しんで頑張るしかありません。好き嫌いではなく、ほとんどの労働者は逃れられない経済事情を抱えているから働いているのです。

趣味が実益となって、という恵まれたケースは珍しいのです。しかし最初はどんなに辛い仕事でも不思議なことに、収入のため、家族のためと我慢してやっているうちに、やり甲斐が生まれてきます。それはおカネだけではない、お客や仲間や上司の、あなたさまの仕事への感謝や満足の笑顔、という見返りがあるからです。

伝統芸能の歌舞伎《かぶき》の家系に生まれてきたのではないのですから、生まれた瞬間に今の仕事に就くことが約束されていたわけではありません。それなのに、その仕事がまるで天職であったかのように馴染《なじ》んでいるのは、あなたさまの仕事に対する第三者の評価があるからです。仕事仲間やお客に認められることで、その仕事にやり甲斐や生き甲斐を感じ、天職と思えているのです。

もし収入のために転職をしたら、それまでのように生き甲斐を感じることができないのではないか、とご心配でしたらそれは無用です。新しい職場で睡眠時間を削《けず》り、情熱を傾けて仕事に取り組むならば、今までのように周囲の人たちからの評価を得て、やり甲斐を見出《みいだ》すことができるからです。

AV女優さまは、どうしてあんな風に生き生きとして仕事をしているのでしょうか。同じ世代のOL女性の一年分の給料を、わずか一カ月足らずで稼いでしまうから、だけではありません。SNSやイベント会場などに寄せられる、ファンからの「熱いラブコール」に支えられているからです。まちがっても色情狂で世間知らずだから続けられる仕事、ではありません。

収入アップを目指して転職しても、収入が下がってしまって後悔する人は、労働と収入の費用対効果を考えてばかりいるから容易《たやす》く挫折してしまうのです。

石の上にも三年、と言います。いざ転職をしたからには、その仕事ぶりをキチンと第三者に評価してもらえるようになるまで、「辛抱」の二文字を胸に刻んで踏ん張ることです。

私が水商売から英語の百科事典のセールスマンに転職した時もそうでした。幼子《おさなご》二人を抱えて、家族の将来を考えたらいつまでも水商売をしているわけにはいかないと、過去の学歴、職歴を問わないコミッション・セールスの世界に飛び込みました。

私が育った福島の田舎町では、昔からの「男尊女卑」の気風が色濃く残っていました。夫は男らしく威風堂々と、妻は黙々と傅《かしず》く、という昭和の夫唱婦随《ふしょうふずい》の形です。

そうしたことから母親に、「男の子はヘラヘラしているんじゃない。三年に一度〝片頰《かたほほ》〟でいい」と子供の頃から厳しく躾《しつ》けられました。「ヘラヘラするな」とは余計な話をするな、「三年に一度〝片頰〟でいい」は男たるものやたらに喜怒哀楽を表情に出すことなく、常に無表情でいろ、ということです。家庭でおしゃべりを続けると、両親にキツく睨《にら》まれたものです。

高校を卒業するまで、まるで言葉を失った状態でした。それが社会に出て家庭を持ち子供二人を抱え、セールスという一日十時間も話し続ける仕事をするようになったのです。最初は不得手と思い込んでいたセールスの仕事も次第に得意になり、いつしかトップセールスマンになりました。

それを支えてくれたのは、お客さまの喜ぶ顔であり、家庭における一家団欒《いっかだんらん》のひとときの家族の笑顔でした。

自分の仕事で他人を幸せにしている、という実感を持つことができれば、仕事に、より情熱を注ぐことができ、ひいては望み通りの収入アップに繋《つな》がる、ということです。

収入アップは仕事の結果についてきます。

20 副業の掟

貧者は昨日のために今日働き、富者は明日のために今日働く。
——江戸時代の経世家　二宮尊徳《にのみやそんとく》

昨今、サラリーマンでも副業に精を出す方が増えているそうです。私もこれまでAVの仕事をしながら、他にも三つの事業に挑戦してきましたが、その三つはことごとく失敗に終わりました。

一つ目に手がけたのは「焼肉屋」です。渋谷《しぶや》・円山町《まるやまちょう》のホテル街の入口のビルの二階に焼肉屋をオープンしました。店の名前は、当時人気者だった専属女優の黒木香さまの名前から「香」の字をとって「香貴苑《こうきえん》」と名づけました。賃貸に権利金等で三千万円、内装備品に四千万円をかけて華々しくオープンしましたが、約一年で潰れました。清算すると約一億円の赤字でした。

原因は、人をうまく使えなかったことにあります。店長を元アイドルのタレントにお願いしました。彼女は、現役時代は人気が高く、いくつかのテレビ番組でも司会をするほどでした。が、この彼女はとてもプライドの高い女性でした。

お客さまが店にやって来ると、店長の彼女がグラスに入った水とメニューを持って注文を取りに行きます。その時、お客さまが「アッ、Kちゃんだ」と彼女の芸名を言わないと、機嫌が急に悪くなるのです。「フン、私のことを知らないで、よく店に来たものよね」と八つ当たりが始まります。水の入ったグラスをテーブルの上にガタンと音を立てて乱暴に置き、その後、お客さまの注文は厨房《ちゅうぼう》のコックさんが伺いに行く、といった展開となるのでした。

漫画のような話ですが、事実でございます。元アイドルは誇り高く、自分のプライドが満たされないと、どうにも気持ちのコントロールがきかない性格の持ち主でした。

そうした彼女の行状を、厨房のチーフや知り合いの常連客から聞いていましたが、辞めさせることはできませんでした。私が彼女と「男と女」の関係にあったからです。一年後、客足が途絶え、ようやく店を閉めるに至りました。彼女とはそれを機会に別れることになり、一億円は泡と消えたのです。

その道を究《きわ》めたいなら「はやる」ことなく、己の能力の範囲を見極めて、徒《あだ》や疎《おろそ》かで専門外の商売には手を出してはいけません。

二つ目に挑戦したのは「タオル」の商売です。縦一・八メートル、横一メートルの大判タオルを圧縮して厚さ五センチ、大きさはＤＶＤのケース大にする技術を開発し、中国で生産することを考えたのです。タオルにはＡＶ女優さまの肖像写真を印刷し、それを圧縮してＡＶのＤＶＤに付録としてつけて販売したら売れるに違いない、と考えたのです。

月刊の女性ファッション誌が、小物のバッグや化粧品を付録につけて売り上げをグングン伸ばしている時代でした。ＡＶもＤＶＤだけでなく等身大のセクシータオルをおまけにつけたらまちがいなく売れるはず、でした。しかし、結果は惨敗でした。中国製の品質と印刷の技術のレベルが低く、ファンの皆さまにソッポを向かれたのです。

約五千万円を投資して、在庫の山となりました。本来であればまずテスト販売をして、これはイケる、となったら大量発注をして販売へ、と結び付けるのですが、最初から売れると踏んで無謀にも中国での大量生産をしたことがアダとなりました。大量に発注すれば製造原価が半分になる、という目先の利益に目がくらんで、「会社が倒産するのは売れないからではなく、過剰在庫を抱えたから」のセオリー通りの失敗となりました。

三つ目の失敗は「立ち食いソバ屋」です。新宿《しんじゅく》アルタの横に歌舞伎町に続く道がありま す。「日本一人通りの多い道」と言われるその道は、一日四十万人の人間が行き交うとも聞きます。その通りのビルの一階に空き店舗が出たことを知人に知らされました。知人はそのビルのオーナーと知り合いで、滅多に出ない好物件だから人間的に信用のおける人に貸したい、との意向でした。「人間的に信用のおける」には自信はありませんでしたが、「是非ワタクシめに」と手を挙げました。一日四十万人が通る道、という数字に酔ったのです。さてそこで何の商売を、と考え、頭に浮かんだのが、立ち食いソバ屋でした。

私は立ち食いソバが好きで、歌舞伎町に出かけるたびにコマ劇場の横にあった店でかき揚げの天ぷら入りソバをススっていました。あれと同じソバ屋を開いてやろう、と思い立ち、賃貸契約を申し入れました。家賃は破格の四百万円でした。日本一人通《ひとどお》りが多い道に面していればさもありなん、と納得し、家賃の十カ月分の保証金を入れ、内装費も含めて開店に六千万円かけました。が、店は半年で手放しました。

一日三十万円を売り上げましたが、二十四時間営業で十二人の従業員を雇用し、原材料の仕入れ代金を差し引くと、どう転んでも月に百万円以上の赤字が出るのです。朝六時に店に行き、売り上げを確認し、仕入れの手配をした後は看板を持って最低でも一日十時間、六カ月間一日も休まず店前に立ち続けましたが、これ以上やったら体を壊す、と撤退を決めたのです。最大の敗因は四百万円、のベラボーな家賃でした。

失敗した焼肉屋でも、タオル販売や立ち食いソバ屋でも、立派に商売をして成功している人たちがいます。私が失敗したのは、それぞれ原因は違って見えますが、一言で言えば、その道のプロではなかった、ということです。

人は道によって賢《かしこ》し、と言います。この失敗の経験から学んだことは、その道を究めようとすれば、「はやる」ことなく、己の能力の範囲を見極めて、「餅《もち》は餅屋」、徒《あだ》や疎《おろそ》かで専門外の商売には手を出すな、ということでした。

21 おカネを貯める

けちであるためには、根気も若さも健康も必要ではない。また収入を貯蓄するには少しも急ぐこともいらず、身体を動かす必要もない。ただ自分の財産を金庫に入れておいて、食うや食わずにしていればいい。

——フランスの作家　ラ・ブリュイエール

貯金はないよりもあったほうがいい、は論を俟《ま》たないものですが、「言うは易《やす》く行なうは難《かた》し」が現実です。私もこれまで何度も貯金をする機会がありましたが、一度たりとも満足に成就《じょうじゅ》させたことはありません。途中まではなんとかウマくいくのですが、ある程度おカネが貯《た》まると手をつけてしまうクセがあるのです。

インベーダーゲームなどゲーム機のリースを始めた二十代後半の頃には、ブームの追い風があって一日三百万円を超える貯金が可能でした。一人でリースと集金を担っていましたから、かかる人件費や経費は最小限で、おカネは貯まるいっぽうです。一年半も経つと銀行に七億円近い預金が積み上がりました。この七億円を貯めるために始めたゲームリース業ではありませんでしたが、いざ貯まってみると、おカネを次は何に投資して新たなカネ儲けをしようか、とそんなことばかりを考えていました。欲に火がついたのです。

東京・晴海《はるみ》で行なわれたアミューズメントショーの見学に行った折に、足を延ばした歌舞伎町の書店でふと手にしたビニ本に惚《ほ》れ込み、北海道でビニ本店を展開しようと考え、有り金七億円を全部注《つ》ぎ込みました。三十歳を過ぎた頃の話です。もう少し冷静であったなら、手元の資金のうち二、三億円は家やビルなどの不動産にかえて「資産」として備えていたのでしょうが、そうした安全運転がまったく不得手な性質《タチ》でした。

AVの仕事で年商百億円を達成していた時も、貯金はほとんどしていませんでした。イケイケドンドン、で入ってきたおカネを衛星放送事業にすべて投入し、挙句は倒産のやむなきに至ったのです。五億や十億を隅のほうにコッソリ寄せて貯めておくことがいくらでもできたのに、倒産した時には素っ裸の無一文となった上に、五十億円の借金を背負ったのです。

貯金総額三十億円の
「伝説のスカウトマン」。
何があっても一日二千円でまかなう
徹底したドケチぶりに
その答えがあります。

ＡＶ業界で「伝説のスカウトマン」と称される男にＥ氏がいます。Ｅ氏は、この三十余年間で少なくとも五万人以上の女性をスカウトしたと言われる、ＡＶ業界では知る人ぞ知る人物です。容姿はタレントの小堺一機《こさかいかずき》さまに似ていて、Ｅ氏がもっぱらターゲットとしていたＡ山学院大学では、「小堺一機に似たヘンな男が声をかけてくるから気をつけるように」と似顔絵つきの紙が学内にはり出されたこともありました。

このＥ氏の伝説は、スカウトした女性の数ばかりではなく、スカウトで稼いだおカネを三十億円、現金で家の床の下に貯め込んでいる、と言われるところにもあります。Ｅ氏はいかなる人生経験のゆえか、銀行を一切信用せずに、すべての収入は福沢諭吉《ふくざわゆきち》先生にかえて、軒下に掘った穴の中に埋めて隠している、との噂《うわさ》です。親しくしている同業者のスカウトマンの男がＥ氏の家に遊びに行った時、それを「コッソリ耳打ちされた」と言いふらしたことで、その噂はＥ氏を知る業界関係者に瞬《またた》く間に広まりました。

Ｅ氏は酌《く》み交わした酒に酔った勢いで、床の上に敷いてある絨毯《じゅうたん》をめくってみせたといいます。絨毯の下の板をめくると、そこにはビッシリと福沢諭吉先生のブロックが敷き詰められていました。軒下に掘った穴には埋めきれず、床板の下にも隠しているとのことでした。その事実を確認した人間は彼以外一人もいないのですが、E氏の日常でのドケチぶりを知る業界人は一様に、さもありなん、と納得したものです。

E氏はスカウトに出かける時には所持金を二千円だけ持って出ます。その二千円で交通費、昼食代、スカウトした女性との喫茶店代をすべてまかなうのです。もしスカウトが首尾よくいかずにその二千円を使いはたした日は、都心から郊外にある自宅までの二時間の距離を歩いて帰宅する、という徹底ぶりです。

E氏は女性をスカウトするとプロダクションに面接に連れていきます。その際、採用の可否とは関係なく、交通費の一万円をプロダクションから貰うことにしています。運良く採用となれば、単体女優クラスではAVメーカーから貰う出演料の半額、単体女優のレベルでない女性は最低十万円から五十万円ほどを、プロダクションから紹介料として即金でいただくことにしています。

女性をスカウトしてプロダクションに連れていけば、どう転んでもカネになる、という算段です。かくして三百六十五日、三十余年間休まず貯め込んだおカネがザッと現金で三十億円となった、というわけです。

E氏が守銭奴のごとくおカネを貯めたのには理由があります。奥方が尋常でなくおカネに厳しいのです。E氏の、紳士服の安売り店でそろえた慎《つつ》ましい粧《よそお》いとは対照的に、奥方の外出時の姿はギンギラギンの着飾りです。腕から首から耳のイヤリングまで、金銀ダイヤ、の宝飾品で輝いています。着ている洋服はブランドの一点モノで、愛用のハンドバッグは高価なケリーバッグ、歩く一億円と言われる所以《ゆえん》です。

E氏は結婚してから三十余年、この五歳年上の初恋の人であった奥方に惚れ込み、ひたすら「おカネ」大好きの奥方の喜ぶ顔を生き甲斐として働き続けた結果、貯めたおカネが三十億円、となったのでございました。

E氏は恐妻家です。奥方が怒る顔が死ぬほど苦手で、六十一歳となる現在も朝九時に家を出て、夜十時に帰宅する、一日十三時間のスカウト三昧《ざんまい》の日々を送っています。

おカネを貯めようと心がけるなら、自分の意思だけに頼らず、E氏のように「おカネを稼がない奴に用はない」という信念を持つ最強のパートナーを獲得するのがなによりの近道と言えるのです。

「金持ちがどんなにその富を自慢しているとしても、彼がその富をどんな風に使うかが判《わか》るまで、彼を誉めてはいけない」（古代ギリシアの哲学者　ソクラテス）

ただ、私のような人間には、E氏のようにおカネに執着して貯めるという行為は「自傷行為」にしか見えないのです。何かに取り憑《つ》かれたかのように生きるE氏を見ていると、三十億円の貯金持ちであっても、彼が気の毒に思えてなりません。

22 正しい投資

人生においては何事も偶然である。しかしまた人生においては何事も必然である。
——哲学者 三木清《みききよし》『人生論ノート』より

日本ではついこの間まで、株を扱うビジネスマンは「株屋」と言われて蔑《さげす》まれていました。汗水流して働くことをせずに、濡れ手で粟《あわ》を摑もうなんてロクなヤツじゃないというワケです。

近年では「職業・トレーダー」と称される方も現れるなど、株に対する世間の認識もずいぶん変わったと実感します。また、FXのほうもネットで誰でも簡単に取引に参加できるお手軽さが受けて、最近は主婦層にも人気のようです。

AV業界の雄、DMMも、AV配信での知名度を利用してFX業界に参入し、一時は世界第一位の取引高を成し遂げたと謳《うた》っておりました。株やFXの投資は所詮、ゼロサムゲーム

ＦＸや株をやるよりも、
将来の自分に投資して
スキルアップを図るのが
一番まちがいのない選択と言えます。

です。誰かが得をしていても、その裏では同じ額を誰かが損しています。確実に利益を出しているのは証券会社やＤＭＭのような仲介会社だけです。一寸先は闇、のこの賭場《とば》のような業界に素人が手を出しても簡単に儲けを手にすることはできません。儲けるのはギャンブルと同じ、手数料稼ぎをしている元締めだけ、なのです。

特にＦＸでは大手のＦＸ業者が数十億もかけた大型コンピューターを投入し、千分の一秒単位で先手を打って相場を動かしていますから、素人が手を出しても最後はババを掴まされる構図になっています。

証拠金を払えば、その二十五倍の額までの取引が可能なシステムですが、それだけに瞬く間に元金が消えてなくなるリスクがつきまといます。相場の乱高下で、場合によっては元金がゼロになった上に借金が積み上がる事態に追い込まれるのですから、安易に素人が手を出すべきものではありません。しかし、汗水たらして働くよりも、寝ながら楽をしておカネを儲けたい、というのが人情です。そうした「スケベ心」に付け込んで株やＦＸのような投資ビジネスは衰《おとろ》え知らずです。

知人も奥方がＦＸに嵌《は》まり、離婚の危機を迎えています。奥方は朝四時に起きてはパソコンの前に座って海外の市況を確認し、二時間ほどの時間を過ごしてその日の戦略を練ります。六時から高校生と中学生の息子とご亭主の朝食の支度《したく》を始めるのですが、その間も五分に一回はパソコンの前に行き海外の市況の動きから目を離しません。朝食の一家団欒のひとときなのに、奥方は浮足立って上《うわ》の空《そら》です。

ご亭主と子供たちを送り出してからは、ＦＸ用に購入したパソコン三台の前に座り、ひたすら市場の動向を見ながら売買を続けます。昼食はまともに口にせず、一段落した時には陽は落ちてあたりは薄暗くなっています。慌ててスーパーに夕飯のおかずの買い物に行き、家に戻って掃除、洗濯に取りかかります。洗濯物を乾燥機にかけ、キッチンでの料理をしながらも海外の市況の動向が気になり、数分に一度はパソコンの前に戻っては確認作業に余念がありません。家族そろって夕餉《ゆうげ》の食卓を囲む時間にも、視線はパソコンに釘付けとなり、子供たちやご亭主との会話はほとんどありません。奥方がパソコンの前から解放されるのは深夜の十二時です。

こうしたことから、夜の夫婦関係のほうもこのところとんとご無沙汰で、夫婦の間に軋《きし》みも出ています。奥方にはご亭主の稼ぎが少ない分、自分がＦＸで稼いで埋め合わせる、との動機がございましたが、これほどまでに時間と情熱を注いでもＦＸで得る収入は多い月で五、六万円、逆に損の出る月には十万円の赤字を出すことも珍しくありません。

奥方の取引に費やす一日の時間は二十時間です。一日二十時間、最低でも二十日働いて月収六万円とは、なんという低賃金労働でしょうか。計算すれば時間給百五十円にしかなりません。まさしく骨折り損のくたびれ儲け、となっているのですが、奥方はバクのように夢を食べ続けています。ついにご亭主が「もう無理だ、限界だ」と堪忍袋《かんにんぶくろ》の緒《お》を切るに至って、ただいま離婚調停の真っ最中、なのでございます。

あえて投資をするならば、「起業」への投資が一番魅力的に思われます。将来有望なベンチャー企業に投資して株式が上場した時に得る、ほとんど無税に近い巨額な「創業者利益」を狙う、というやり方です。

株やＦＸの利回りはせいぜい年に三割程度が限界ですが、「起業」への投資はその比ではありません。ネットビジネスの起業で大成功を収めた桁違《けたちが》いの金持ちがいます。ほとんどが三十代の青年たちですが、彼らは一様に一千億円単位のおカネを手にしています。ネット業界では、起業し、上場に成功したＩＴ長者たちが続々と誕生しています。

たとえば、ＺＯＺＯファウンダーの前澤友作《まえざわゆうさく》社長はまだ四十五歳の青年起業家ですが、総資産は三千億円を超えています。身近なところではＡＶ業界のＤＭＭグループ創業者の亀山敬司《かめやまけいし》会長がいます。今やＤＭＭホールディングスは年商二千億円を誇り、将来上場をはたせば一兆円の企業価値がつくと言われています。

ウェブサイトの「ほぼ日（ほぼ日刊イトイ新聞）」を主宰する糸井重里《いといしげさと》氏も二〇一七年の三月、株式会社ほぼ日をジャスダック市場に上場させています。公開価格の約二・三倍の五千三百六十円の初値がつき、売買代金は三十五億円でした。

個人が限られた情報と資源をもとに将来有望な企業に投資するチャンスを獲得することは困難に思われますが、どうしても投資に興味をお持ちなら、ネットで調べて有望な企業へのクラウドファンディングから始めてみられたらいかがでしょうか。

将棋はどんなヘボ将棋でも、外野の野次馬より指している本人が最も真剣に盤面の手を読んでいます。金額はいくらでも、自分のおカネをまず投資してみることで、投資の目利きの力が磨かれてくるものです。

それでも私は進んでやる必要はないと思っています。古びた証文を持ち出すようで恐縮ですが、ＦＸや株、その他の投資を考えるならば、将来の自分に投資してスキルアップを図るのが一番まちがいのない選択と言えるのです。

23 ギャンブルの罠

幸福の最も大きな障害は、過大な幸福を期待することである。
——フランスの思想家・作家　ベルナール・フォントネル

ギャンブルみたいな人生ですね、と言われることがよくあります。顧みれば、まさしくジェットコースターのような人生でした。が、意外に思われるかもしれませんが、人生そのものは丁半《ちょうはん》バクチのごとくギャンブル性の高いものであっても、純粋にギャンブルに狂ったのはわずか九カ月間ほどでした。この九カ月間のギャンブル三昧の日々で、ギャンブルのなんたるかを学び、卒業できたのです。

高校を卒業して最初に就いたのは水商売のバーテンダーの仕事でした。給料日には同じ店のバーテンダー仲間が五～六人集まって、閉店後の店内で賭《か》けポーカー大会が開かれました。生まれてはじめての現金を賭けてのバクチ、です。生来《せいらい》血の気の多い私は、少し負けが込んでくると興奮して見境がなくなり、アッという間に一カ月分の給料の約一万八千円を使いはたし、スッテンテンになりました。

それから一カ月後の次の給料日が来るまで、先輩のチーフにカネを借りて慎ましい生活を送りました。そして次の月の給料日、今度こそは、と再び挑戦しましたが、一カ月前と同じく、あえなく轟沈したのです。そして三カ月目の給料日にも懲りずに挑戦し、やはり一文無しの討ち死にをしました。さすがに自分にはカードゲームは向いていない、と悟り、その後ポーカーゲームに参加することはなくなりました。

が、ギャンブルから一切足を洗ったわけではありません。同僚の競輪好きの男に競輪場に連れていかれて、今度は競輪に嵌まりました。この競輪というギャンブルから抜け出すには六カ月かかりました。最初に競輪場に行った時、有り金の一万円が倍の二万円に増えたのです。俗に言う「ビギナーズ・ラック」というヤツです。これに味をしめたことで、「ギャンブルで勝つことは絶対できない」と正気に戻るまで六カ月もかかることになったのでした。

インベーダーゲームのリース業をしている時に、同時にポーカーゲーム機のリースをしギャンブルに狂っている方は一度、鏡をご覧なさい。その顔でよく「自分に運がある」などと思えるものです。

て、ギャンブルの胴元になりました。ハートやジャックなどの同一マークで10からエースまで続きでそろうロイヤルストレートフラッシュという最高の役が出ると、千円の賭け金が百万円になる、きわめてギャンブル性の高いゲームです。このゲーム機は引く手あまたの人気となり、売り上げの多い店では一日に百万円になることもありました。ポーカーゲーム機の売り上げは、違法なゲームということで店側のリスクが高く、配分はお店と五分五分にしました。

ポーカーゲーム機は一見、コンピューターとプレイヤーとの頭の勝負のように見えますが、パチンコやスロットと同じく、あらかじめコンピューターにインプットされたデータで配当率が決まっている、そんなカラクリが仕込まれているものです。機械の中には配当を決めるスイッチがあり、店側は、九十%、九十五%、百%、とその日によって配当率を変えています。お客はあたかも自分の実力で勝ち金を獲得したかのように錯覚していますが、人間の勘や技術が発揮できる要素はまったくないものです。

最高の配当のロイヤルストレートフラッシュが出ると、設置している喫茶店のマスターが慌てて電話をしてくることがありました。百万円も取られてどうしよう、とうろたえているのです。そんな時は「おめでとうございます」と言いました。幸運にも百万円を手にした客は、その味が忘れられず、その後必ず「夢よもう一度」、と獲得した百万円の何倍ものおカネを注ぎ込むことになるからです。

中にはお店が貸し付けたおカネの代わりに、お客からマンションの一室をいただいた店主もいます。

こうした経験を経て、ギャンブルをおぞましい、と思うようになりました。公営ギャンブルと言われる競輪、競馬、競艇、オートレースの払戻率はおよそ七十五％です。頭から賭け金の二十五％も主催者に取られては、いくら勝ち続けても最後は必ず負けることになります。一万円を賭けて七千五百円しか配当のつかない公営ギャンブルなんぞ、最初から成り立っていないペテンです。

競馬で家を建てた人間はいない、とは言い得て妙、の言葉です。ギャンブルはレジャーだと言う人がいます。当たるか当たらないかのスリルがたまらないと言います。せっかくの一カ月三万円の小遣いをギャンブルで失っていて、「スリルがたまらない」もなにもないものです。人生そのものを失っているようなものだからです。

日本は、パチンコを入れると市場規模が二十五兆円を超える、世界に稀《まれ》に見るギャンブル大国です。公共の電波であるテレビでも、平然とギャンブルのCMが流れています。世の中で酒や煙草や女に目がない酔狂な人たちがいますが、中でもタチの悪いのがギャンブル狂です。酒や女は体がついていかなくなると酔狂がやみますが、ギャンブルはそうはいきません。家族の薬代を使い込み、子供のランドセルを質に入れてもギャンブルにおカネを注ぎ込むのです。ギャンブルほどタチの悪いものはありません。

お前のギャンブルのような人生よりマシだぞ、との声が聞こえてまいりますが、そうではありません。「仕事のギャンブル」は最後に勝つ時がありますが、ギャンブルでは最後には絶対に負けることになっています。ギャンブルに狂う人間を見て、自分の顔を鏡で見たことがあるのか、と申し上げたいのです。そんなご面相をしていて、よくも「自分に運がある」と思えるものだと開いた口が塞がらないのです。

何度でも言います。勝つことがあるならまだしも、最後は必ず負けることに決まっている勝負はギャンブルとは言わず、「自滅」です。「自滅」のゲームにわざわざ身銭を切って参加するなんて狂気の沙汰です。ギャンブルに手を出そうとするあなたさまに、「自分の顔を鏡でジックリ見てみなさい」の言葉を贈ります。

第4章

おカネを使う

24 正しい使い方

世間ではともすれば金銀でも持物でも多く所有すればするほど人は幸福になると信じているようであるが、これくらい間違った考え方はない。むしろそれは逆なのであって、所有が多ければ多いほど人は心の自由を失うのである。

――作家・ドイツ文学者　中野孝次《なかのこうじ》『清貧の思想』より

「本来無一物」という言葉があります。中国、唐《とう》の時代の慧能《えのう》禅師が語った「本来無一物」に由来します。「人間は本来裸で生まれ、裸で死んでいくのだから、名誉、地位、カネなどに執着するな」という教えです。

しかしながら、あの世に持っていけないおカネなのにケチケチして使うことをせずに、あの世に旅立っていく金満家がいます。世のため、人のためとは言いません、自分のためにキ

おカネの正しい使い方は
物を所有する以上に、
それによって安らぎを得て
心が豊かになることです。

レイさっぱり使ってあの世に行くことがどうしてできなかったのか、と勝手ながらに思うばかりです。ケチが美徳、と自縄自縛《じじょうじばく》の信仰にとらわれ、実にもったいない人生を終えられているのです。

アッパレなおカネの使い方をしている男を紹介しましょう。人呼んで「○○の裕次郎」と言われている男です。「○○」と伏せているのはご本人の名誉にかかわるから、です。「○○」は土地の名前です。「○○の裕次郎」と呼ばれるその男はまだ五十代ですが、○○地方で大理石の仕事で当て、一代で巨万の富を築きました。男の趣味は「歌」です。好きが高じて年に一度、「三千万円のディナーショー」を開催しています。会場は、男の住む○○地方の町の公民館です。

ディナーショーの当日になりますと、近郷近在から、男のディナーショー目指して老若男女が駆けつけ、収容人員三百人の会場が瞬く間に満員となります。来場者にはもれなく折箱の弁当が配られます。ステージの幕が上がると生バンドをバックに、男がステージに立ち、ショーが始まります。

男の歌う歌は、すべて石原裕次郎さまの歌です。男は「裕次郎命」と言ってもいいほどに石原裕次郎さまが大好きで、ステージでは「裕次郎ヒットソング」だけを歌い上げます。声の質や男の容姿、歌い方からヘアスタイルまで、どこか本物の裕次郎さまに「少し」似ているところから「○○の裕次郎」と言われています。

満員の会場の観客は「○○の裕次郎」が歌を歌っている時間は、ほとんどステージを見ることなく、歌に耳を傾ける素振《そぶ》りもありません。新聞を読んだり、配られた弁当を食べたり、周囲の人間とおしゃべりをしたりして過ごしています。観客がステージに注目するのは、「○○の裕次郎」が一曲歌い終えた時です。抽選会が始まるのです。「○○の裕次郎」は、一曲歌い終えるたびに、箱の中から数字の書いてある紙を取り出します。その紙の数字と、あらかじめ入場者全員に配られていた抽選券の数字が合った人が当選者となります。

景品はステージの上に並べられている大型液晶テレビや電動自転車、ブランドバッグやハワイペア旅行券、といった豪華賞品です。「○○の裕次郎」が読み上げる数字と同じ数字の紙を持っていた観客はステージに駆け上がって欣喜《きんき》雀躍《じやくやく》し、「○○の裕次郎」から賞品を受け取ります。ステージと観客が一体となる瞬間です。

賞品の授与式が終わると再び「○○の裕次郎」の歌謡タイムが始まります。観客は我に返り、歌が終わるまで客席で思い思いの時間を過ごします。ステージの「○○の裕次郎」も観客の掌返《てのひらがえ》しはまったく意に介さず、陶然《とうぜん》としながら十八番《おはこ》の裕次郎ヒットメドレーを歌い続けるのでした。

約二時間にわたるディナーショーですが、最後まで誰一人として客席を立つ者はいません。「○○の裕次郎」の歌に聞き惚れたからではなく、最後の賞品の「自動車」が目当てなのです。かくて「○○の裕次郎」のワンマンショーは盛況のうちに幕を下ろすのでした。

「○○の裕次郎」は、この年に一度の三千万円の出費を少しも惜しいとは思っていません。このイベントのために一年間商売に汗を流しているからです。会場のスポットライトに照らされて、マイクを握って三百人の観客の前で歌を歌う時間は、「○○の裕次郎」にとって夢のひとときです。この日のこのステージのために生きている、と言ってもいいのです。

「三千万円のディナーショーをやる男」と言うと、一回でそれだけのギャラを取るのかと驚かれますが、おわかりいただいた通り、逆に三千万円を観客に払って聞いてもらうディナーショーを開催しているのです。なんとモノ好きなヤツだ、と知り合いに呆れられることもありますが、「○○の裕次郎」が気にすることはありません。自分の好きな歌を好きなだけ、三百人の観客の前で歌えて、賞品を手にしたおじいちゃん、おばあちゃん、お父さんやお母さん、子供たちの嬉しそうな顔が見られるなら安いものだ、と思うのです。

「○○の裕次郎」は、このディナーショーを始める十年前は夜な夜な赤い灯《ひ》、青い灯に誘われてネオン街に繰り出し、ホステス相手に酒に溺《おぼ》れる日々を送っていました。そこには幸せそうな顔はどこにもなく、荒《すさ》んだ欲望のカオスが広がっているだけでした。命の洗濯をしに行っていたつもりが、反対にカネを積んで命を縮《ちぢ》めていたのです。

ディナーショーを始めて、「○○の裕次郎」はおカネを稼ぐ意味を見出しました。結婚もしておらず、身内のいない彼は、ようやく、人生でおカネを稼いで使うことの楽しさを覚えたのです。

「○○の裕次郎」の歌の上手《うま》さがいかほどかは、皆さまのご想像通り、でございます。

おカネの正しい使い方は、物を所有する以上に、それによって安らぎを得て心が豊かになることだと私は考えるのです。

25 生きたおカネ

金銭は独立の基本なり、これを卑《いや》しむべからず。
――啓蒙思想家　福沢諭吉

なぜおカネが欲しいのか、と問われれば、二〇二一年の今を生きることの意味をこの手で鷲摑《わしづか》みにしたいから、に尽きます。

行きたいと思ったら行きたいところに、欲しいと思ったら欲しいものを、食べたいと思ったら食べたいものを、着たいと思ったら着たいものを、見たいと思ったらなんでも見る機会を、手に入れる自由を獲得するには、おカネが必要です。人間世界の最高とは何か、最低とは何か、を知って、この地球の今を生きる意味を鷲摑みにして確かめたいのです。

豊かでなければ、生きる意味を突きつめることができない、と言っているのではありません。貧しければ貧しいなりに、生きる意味を噛みしめられることは言うまでもありません総資産一千億円の不動産王。
死ぬほど働く彼にとって、
贅《ぜい》の限りを尽くして遊ぶ
「年に七日間の休日」は、
生き甲斐なのです。

が、最高と最低の落差を味わうことができれば、より楽しいのでは、と思うのです。

知人にその世界では知られた不動産王がいます。一代で築き上げた総資産が一千億円を超えると言われる、立志伝中の人物です。男は七十を過ぎても疲れを知らぬ様子で、ほとんど休みを取らずに働きづめの毎日を過ごしています。

休みを取るとかえって体の調子が悪くなっていけない、と豪語し、憑かれたように働き続ける男ですが、年に七日間だけ休日を取ることにしています。その貴重な休日に、一度ご一緒させていただいたことがございます。江東区《こうとうく》新木場《しんきば》のヘリポートから、彼の持つ自家用ジェットヘリで県営名古屋《なごや》空港に向かいました。名古屋空港からは飛行場に停めてあった、これまた二十四人乗りの自家用ジェット機で、彼のビジネスのホームグラウンドである九州に飛び立ちました。

九州の地方空港に着陸すると、再び別の自家用ヘリに乗り換え、海岸沿いにある彼の別荘へと向かいました。別荘の庭にはヘリポートがありました。そのヘリポートに無事着陸すると、目の前に総ガラス張りの宮殿のようなゴージャスな建物がそびえていました。

中に入ると、大きなガラス窓越しに外の風景が一望できて、透明のガラスでできた天井を見上げれば青い空がすぐそこにありました。建物の中の応接セットから大きなダイニングテーブル、高価そうな調度品が並べられているキャビネット、グランドピアノまですべてガラスで作られていました。天井からはイタリア製のきらびやかなシャンデリアが吊り下がり、さながら「おとぎの国」にいるかのようでした。

玄関にロールス・ロイスのリムジンが横付けされました。この家の主《あるじ》の「不動産王」によれば、一億円で手に入れた、世界に数台の珍しいタイプのロールス・ロイスとのことです。この一億円の車に乗って十五分ほど走ると、港に着きました。

港には、ヘリポート付きの豪華クルーザーが停泊していました。これも「不動産王」の持ち物でした。四階建てで、中に入るとエレベーターが設けられていました。クルーザーに常駐するソムリエがすすめるワインに舌つづみを打ちながら、これまた一流ホテルで料理長をしていたというお抱えのシェフによる絶品のラム肉料理、フレンチのフルコースを頂戴しました。

それからまた車に乗って十分ほど走り、不動産王が所有する、会員は不動産王だけ、たった一人のための専用ゴルフ場でハーフラウンドのプレイを楽しみました。プレイ後は、ゴルフ場から一時間ほど走った距離にある「迎賓館《げいひんかん》」に向かいました。外観はまさに迎賓館という名に相応《ふさわ》しい、ベルサイユ宮殿を彷彿させる洋館でした。十数室ほどある室内の装飾は、フランスの超一流ホテル「ホテル・リッツ・パリ」と同じ造りにしたとのことです。大広間は百畳ほどの広さで、五十人は座れるほどの長いテーブルが置かれていました。

そこで黒服、蝶ネクタイで正装した数人の執事たちに傅《かしず》かれながら、まるでマリー・アントワネットの時代に旅したようなファンタスティックな晩餐《ばんさん》のひとときを過ごしたのです。

「こんなにカネに糸目をつけない施設をいくら持っていても、休みなく働いて使う暇《ひま》がないのは、もったいなさ過ぎではありませんか」と不動産王に尋ねますと、不動産王は余裕の笑みを見せながら、「だからこうした場所が私には必要なのです。年にたった七日しかない休日を満喫するためだけに、ヘリコプターも自家用ジェットも海辺の総ガラスの別荘も、ヘリポート付きのクルーザーや専用ゴルフ場やこの迎賓館も、あるのです。この七日間の休みを世界で誰よりも気ままに過ごすことが楽しみで、そのために死ぬほど働いているのです」と語るのでした。

なるほど、と合点《がてん》しました。不動産王にとっては「誰よりも贅沢な時間を過ごす七日間」が生き甲斐で、すべてのおカネと休みなく働く時間は、この「生き甲斐」のために注がれているというワケでした。

「生きガネ」とは人それぞれで、自分にとってそれが「生きガネ」だと思えれば、他人が無駄ガネだと思おうと、どうでもいいことなのです。

26 死んだおカネ

足《た》るを知る者は富《と》めり。

——道教の始祖　老子《ろうし》

貧乏人の僻《ひが》みかもしれませんが、おカネのためにまともな大人が死に物狂いになっている姿は滑稽《こっけい》以外の何ものでもありません。

不動産の仕事をしている友人は、「監督がそんなビデオを作るために何千万、何億ものおカネをかけるなんて信じられない。それだけのおカネがあれば、私たちであれば土地を買って立派なビルを建てることができるものを、元が取れるかどうかわからない映像にそんな大金をかけるなんて異常だ」と呆れた顔をします。

生き方はそう変えることができないものです。おカネが儲けられるならなんでもいいという価値観は、私にはありません。自分で納得できる作品、お客さまに満足していただける作品、が最優先されます。そのためであればおカネに糸目をつけませんし、いくら注ぎ込んで形ある物はすべて滅びます。
「モノに固執する考え」と
オサラバすれば、
あなたさまは無駄ガネや死にガネと
縁がなくなります。

も無駄ガネとは思いません。

たった一本のビデオに魅《み》せられて、損得勘定を超えて命がけで取り組んでいるエロ事師がいるからこそ、この世界はおもしろいのです。すべて銭勘定を第一にする考えでは、とても感動や興奮を届ける仕事は成り立ちません。「銭儲け」が大事な人には、他にもっと効率の良い仕事はいくらでもあるのです。

家や車や貴金属を持つことにも興味がありません。そこに喜びを見出すことができないのです。家などは「起きて半畳寝て一畳」あればそれで十分、という考えです。高価な車など自分の乗っている姿を自分で外から見られるわけでもないのだから、走ればそれでいいじゃないか、という感覚です。

東京都心部で車を所有すると、月額およそ五万円の駐車場代金がかかります。それとは別に保険料金、ガソリン代、車のローンや税金を入れると、月に最低でも十五万円は必要です。車がなければ日常生活が成り立たない地方は別ですが、都内であれば、どこからでも歩いて十五分で地下鉄やバスなどの公共交通機関にアクセスできます。

それなのに、月に十五万円以上も出費して車を持つ意味がわからないのです。月に十五万円ということは月に三十日、五千円のタクシー代金を払うことができます。五千円も出せば、相当の距離を毎日乗ることができるのです。そのほうがよほど便利で合理的に思えて、自家用車を持つ人の気が知れないのです。虚栄心を満足させるためだけの車への出費は「死にガネ」そのものです。

サラリーマンにとって自分の土地と家を持つことが生涯の夢、と言います。自分の土地と言っても、登記上は自分の名義かもしれませんが、基本的には日本国のものです。実態は固定資産税という名の「借地料」を払って国から借りているだけです。その証拠に五十年も固定資産税を滞納すれば、持っている土地は全部お国に召し上げられてしまいます。

土地の上に建つ上物《うわもの》の家も、耐久年数は平均で三十年です。三十年を過ぎると不動産としての価値はゼロと算定されます。あくせく働いて、ようやくローンを支払い終わった時には、その財産価値は何もなくなっていた、というコメディのような話です。

マンションもこれと同じく、建築後四十年も経てば老朽化が進み、これまた資産価値はほとんどゼロに近いものになってしまいます。永遠の資産だと思っていたものの、実際は束《つか》の間《ま》の世の借り物にすぎないのです。十億円の豪邸、黄金のロールス・ロイス、三億円のピンクダイヤ、十八億円で買ったヘリポート付きの豪華クルーザー、数千万円のブランド時計、と成金趣味は一通り味わってきた過去を持っておりますが、今わかっているのは、形あるものはいつか必ず滅びて、物に使ったおカネはすべて無駄ガネ、死にガネであった、ということです。

幾多の苦境をくぐり抜けて得たものは、「心の安らぎはおカネでは買うことはできない」、という結論でした。

事務所から歩いて十分のところに新宿御苑《しんじゆくぎよえん》があります。江戸時代に高遠藩《たかとお》の下屋敷があった場所です。広さは約十八万坪、十八ホールのゴルフ場ほどの大きさがあります。明治時代には皇室の庭園として、さらに大正時代には園内の一部に皇族専用ゴルフ場が設けられ、利用されていました。

現在では五百円の入園料を払えば、朝九時から夕方四時まで誰でも利用できます。園内はバラ園から日本庭園、温室の植物園まで自然に溢れています。武蔵野《むさしの》の風情《ふぜい》を残す林には大木が生《お》い茂《しげ》り、池には錦鯉《にしきごい》が遊弋《ゆうよく》する、のどかな風景を見ることができます。春には園内の桜が満開で、総理大臣主催の観桜会《かんおうかい》が開かれます。あたり一面芝生《しばふ》の広場の彼方《かなた》には、新宿の高層ビル群がそびえ立ち、緑に覆《おお》われた庭と近代建築のコントラストの息を呑《の》むほどの見事さは、さながら一幅の絵画を見るがごときです。

この名庭園で朝から夕陽が傾くまで五百円で過ごすことができるとは、なんという贅沢なのでしょう。坪五百万円として、十八万坪であれば九千億円以上の価値のある庭園を、五百円で我が庭のように遊んで過ごすことができるのです。こんな贅沢は、中近東の石油王でも味わうことができないでしょう。

生きたカネか、死んだカネかの答えは、使う人の心にあります。ありがたい、儲かった、と思う「感謝」の心があれば、どんなことに使うおカネも無駄ガネや死にガネになることはありません。高級ホテルやレストランに入れば、この施設は自分が払うおカネで好きなように使っていいのだから自分のものだ、と考えるのです。デパートも公共交通機関の電車や飛行機でさえも、あなたさま専用のもの、なのです。

タクシーに乗ったら、自分のお抱え運転手だと思うことです。コンビニや宅配便も自分専用のサービスと考えましょう。考え方一つで、物などを所有するよりよほど心が豊かになります。そうした「モノに固執する考え」とオサラバできれば、あなたさまは無駄ガネや死にガネとは縁がなくなるのです。

27 人の心を買う①

カネに目もくれない人はいくらでもいるが、カネの与え方を心得ている人はほとんどいない。
——フランスの貴族・文学者　フランソワ・ド・ラ・ロシュフコー

ＡＶへの出演を、女性にやたらめったらすすめることはありません。たとえば、「これは」といった女性と知り合っても焦りは禁物です。いくら気に入っても、彼女には彼女の事情があります。こちらの都合だけで押しまくれば嫌われ、「慌てる乞食《こじき》は貰いが少ない」となって、せっかくの彼女を失うことになります。これは、と思いを募らせた女性はジックリ口説くことにしています。

ＡＶなんて絶対嫌です、と、頑なに拒んだ女性がいました。結婚を約束した彼がいて、裏切ることなど死んでもできない、と言うのです。そうした貞操観念が強固な女性ほど魅力的に映《うつ》るのですから、私の性癖も困ったものです。

結婚を約束した彼がいる、と告白した彼女と、その後一カ月に一度のペースで会い、食事をご馳走していました。会えば必ず交通費として一万円を渡しました。そんな関係が半年ほど続いた頃でした。彼女が突然事務所にやって来たのです。AVのニオイのする場所は嫌いです、という彼女の意向を汲《く》んで、それまで事務所で会うことはありませんでしたのに、それが彼女のほうからの、何の前触れもない訪問でした。意外でした。

彼女は泣きはらしたような目をしています。「彼が浮気をしたから別れた」と泣きじゃくるのです。しばらく泣き崩れるままにそっとしておきました。一時間ほど経った頃です。彼女が、「監督、私、AVに出演します」と言い出しました。浮気をされた腹イセにAVに出て有名になって彼氏に復讐してやりたい、と言うのです。なんでも彼氏の浮気相手の女性はある人気のAV女優とソックリで、その女優が好きだった彼は彼女に夢中になり浮気した、とのことです。彼女がその事実を知って咎《とが》めると、居直られて別れ話を切り出されたという話なのでした。

彼女の心変わりはまたとないチャンスでした。早速スケジュールを決めて撮影の段取りと

AV出演を拒む女性に渡す
交通費の一万円。
頼り甲斐のある人間を
演出する上でおカネほど
有効な手立てはありません。

なり、晴れてAVデビューをはたしていただきました。その後彼女は売れっ子のAV女優となり、約二百本のAV作品に出演し、都内一等地の豪華マンションを手に入れました。AV女優業とともに、自宅マンションでは趣味の占いを仕事にして「占い師」としてもデビューし、華々しく活躍しています。

最初に「結婚を約束した彼氏がいるから」と拒まれた時、すぐにあきらめていたら、彼女のAV女優としてのデビューも、豪華自宅マンションでの占い師としての仕事もなかったに違いありません。あきらめない心、が失恋の痛手を負った彼女の心を救い、その後の豊かで自立した生活をもたらしたのでした。

女性に声をかけて「AVに興味がない」とか「彼氏がいる」とかの断り文句を言われても、そのまま縁を切るようなことはしません。暇な時間があったら事務所に遊びに来るように誘い、来れば交通費の一万円を必ず渡して、誕生日には誕生日プレゼントを一緒に買いに行ったりします。

そうした付き合いを続けているうちに、彼女たちの中に変化が生まれます。彼氏と別れたり、おカネが必要になったりして、これまでにない生き方をしてみようとの〝出来心〟が芽生えるのです。鳴かぬなら鳴くまで待とうホトトギス、の境地です。

AV出演を約束したワケでもないのに、事務所に出入りをしているうちに「おカネを貸してほしい」と頼んでくる女性もいます。何に使うのか聞かずに、できるだけ望みの金額を貸すようにしています。借りたまま行方不明になって貸し倒れになる、というケースはまずありません。おカネを借りた彼女たちは、自分が信頼されていることを確認して、これまで以上に親しい関係になり、やがては一度だけなら、とAVに出演することがあります。一度だけで済んだことはないのですが、最初は誰でも「一度だけなら、の定理」で一歩踏み出すことになります。

AV女優さまのみならず、女性と関係を深めるには、何をおいてもけっして裏切ることがない信頼関係を構築することが求められます。この監督はいざという時には私を助けてくれる頼り甲斐のある男、との印象をまずは持ってもらわなければなりません。少々の無理やワガママなら聞いてくれる、という絶対的な安心感です。そのためにはカネ離れがよく、会えば交通費の一万円を必ず握らせてくれる、頼り甲斐のある人間と思われることが必要なのです。

彼女たちに限らず、人間は誰でも心の拠《よ》り所《どころ》を求めています。何かあった時、その人のところに飛び込んでいけばなんとかしてくれるに違いない、と思える存在を欲しています。実際にそうした事態が起きることがなくても、自分のために骨身を惜しまず苦労をともにしてくれる人間がいる、と思うだけで心が豊かになり落ち着くのです。

あの人がいるから少々のことで失敗しても大丈夫、という安らぎを与えてくれる存在を誰しも求めています。そうした頼れる存在であるためには、日常の付き合いで、金額の大小は問いませんが、お小遣いや交通費を渡す心配りの習慣を身につけるべきです。

他人の心をおカネで買うことはできませんが、おカネで他人はあなたさまの器量を判断し、時にはあなたさまに「人生を賭けてもいい」との決断をしてくれることがあるのです。

他人の信頼を得るために、おカネほど有効な手立てはありません。

28 人の心を買う②

カネは肥料のようなものだ。ばらまけば役に立つが、一カ所に積んでおくとひどい臭いがしてくる。

——アメリカの石油王　クリント・W・マーチソン

誠意をカネで表さなければならない局面がありました。誠意を表すのにカネしか方法がなかったことがあったのです。

裏本時代の時がそうでした。北海道だけでも五十店舗近くのビニ本店を経営していましたが、各店の店長と本社のスタッフを入れると七十名近くの社員がいました。店で売っている裏本は明らかに法律違反の「ワイセツ物」でしたから、いつも警察の摘発対象になっていました。店長も一緒に警察に逮捕され、十日間ほどの勾留《こうりゅう》をされることも日常《にちじょう》茶飯事《さはんじ》でした。彼らは今日こそ自分が逮捕される番では、とビクつきながら出勤時に神棚に手を合わせて無事を祈り、深夜十二時に閉店して家に戻り、再び神棚に手を合わせて今日の無事を感謝し、遅い晩酌に酔いつぶれて眠りにつく、という過酷な日々を送っていました。

戦争では、上官が「俺のために死んでくれ」と兵隊を戦場に送ります。兵隊の規律では、「死ね」と言われれば死ななければいけない、厳しい運命を受け入れなければならないことになっています。が、戦時中でもない平和な日常で、「俺のために死んでくれ」と言わないまでも、「俺のために捕《つか》まって前科者になってくれ」との頼みを受け入れてもらうことはなかなか容易ではありません。店長や本社のスタッフにそれを承知してもらうためには、誠意を示さなければなりませんでした。誠意とは「おカネ」です。店長が一度逮捕されれば、私は五十万円を「慰労金」としてお渡ししました。

最初に逮捕された時は、罰金刑となります。二度目は、裁判にかけられて執行猶予付きの懲役数カ月を宣告されます。二度目の時は、百万円の「功労金」をお支払いしました。三度目となると、実刑になる恐れがありますので、二度目で退職となります。三十七年前の百万円はかなりの金額です。退職やむなきに至った店長は皆、ありがたいことに感謝とともに会社を去っていかれました。

裏本時代、
刑事たちとの「密接交遊」に
月五、六百万円使っていましたが、
対価は十分ありました。
まさに「正しい奢《おご》り方」でした。

毎月の店長としての給料も、一般労働者の平均賃金の倍の、手取り三十万円をお支払いしていましたから、一年ほど店長を務めて二度の逮捕の末に辞められる時には、手元にかなりの現金を蓄《たくわ》えている方も少なくありませんでした。約五十店、すべての店舗がおしなべて年に一度は必ず摘発を受けていましたから、毎年五十人もの前科者を「輩出」していたことになります。

ある時、店長と本社スタッフの前科を全部勘定してみたら、前科八十犯以上になりました。ヘタな暴力団顔負けの前科者集団、と苦笑いをしました。それもこれも、誠意を示すのにおカネに糸目をつけずに支払ったおかげで強い結束が可能になったのだと思います。

あんな非合法なことをよくも平気でやれていたものだ、と今思い返しても信じられない気持ちです。熱に浮かされていたのでしょう。

警察当局の皆さまへの「おもてなし」もしていました。「おもてなし」の最盛期には毎月五、六百万円ほどのおカネを使っていました。

顔見知りだった東京・警視庁の刑事と飲んだ夜、酔って足元のおぼつかない彼をタクシーに乗せて見送りました。タクシーの後部座席に酩酊《めいてい》した刑事を押し込んだ時、十万円の入った茶封筒を背広のポケットにネジ込みました。この「初体験」がきっかけとなりました。この男はけっして裏切らない、と信用を得ることができれば、女性の「初体験」のごとく、その後の関係は「密接」となるのでした。翌日、刑事から、封筒に入っていたおカネを返したい、との型通りの電話がありましたが、「お車代を渡しただけですから」と取り合わずに電話を切りました。

このことがきっかけとなり、その後その刑事とは親密な関係となりました。この刑事との「密接交遊」をきっかけに、警視庁の裏本を担当している四つの係に所属する刑事たちと親交を深めることができるようになったのです。最初に「おもてなし」をした刑事が、「友達の輪《わ》」の「水先案内人」になってくれたのでした。そうしたネットワークを持ったことで、何かあっても警視庁管轄の地域では逮捕されることはない、との確信を持っていました。

私は裏本会社の会長時代、全国指名手配となったことがあります。指名手配されたのち、最終的に逮捕されました。ただ、それは警視庁ではなく、札幌のホテルのロビーで北海道警察本部の刑事たちに、でした。

「おもてなし」は飲み食いに限りませんでした。子供の進学資金から家族旅行の費用、車の購入時の頭金、趣味のブランド時計から高級紳士服、冠婚葬祭に至るまで、多岐にわたりました。「密接交遊」の相手刑事たちに、そのことについての罪悪感は見受けられませんでした。特別に便宜を図ったワケでもなく、捜査のための情報収集をするには、毒を食らわば皿まで、のプロフェッショナルの矜持があったのだと思います。

捜査対象者の懐《ふところ》深くに潜入して情報を収集する、という手法が黙認されていた時代でした。虎穴《こけつ》に入らずんば虎子《こじ》を得ず、の精神です。「密接交遊」の経費として月に五、六百万円を費やしたことの対価は十分にありました。警察当局が裏本の販売ルートをどこまで把握しているのか、情報を事前に察知できて対策を練ることができました。刑事たちも私との「密接交遊」を通じて、ベールに包まれていた「裏本」の実態をほぼ正確に把握できていたのですから、おたがいさまでした。刑事たちは、ヤクザ組織とのかかわりだけは極端に嫌がっていました。もし私がヤクザ組織に身を置いている人間であったなら、「密接交遊」はたちどころに消滅していたはずです。

まさしく「正しい奢《おご》り方」の見本のような関係が存在したのです。

顧問弁護士は、私が依頼した「逮捕された仲間」との面会のため、警察に行って戻ってくると、「取調べや供述の内容が、事前に監督から聞いていたことと同じなのだけれど、警察のどこから情報を得ているのか」と驚いていたことがありました。

今日では「ヘア」が露出している写真を取り扱っても逮捕されることはありませんが、あの頃は「ヘア」が一本でも写っているだけで一年も懲役に行かなければならない時代でした。

三十七年前の古き良き時代のお話、でございます。

29 何かに投資する

百歩先の見えるものは狂人扱いされ　五十歩先の見えるものは多くは犠牲者となる　十歩先の見えるものが成功者で　現在を見得ぬものは、落伍者である　——阪急阪神東宝グループ創業者　小林一三

かつてジャニーズ事務所に、フォーリーブスというアイドルグループが所属していました。一九七八年に解散すると、グループの中で一番人気だった北公次《きたこうじ》氏はジャニーズ事務所を辞めますが、翌年覚醒剤取締法違反で逮捕され、故郷の和歌山に帰りました。その後、芸能界に復帰することがかなわずくすぶっていた頃に、私と接点が生まれました。ジャニーズ事務所のジャニー喜多川《きたがわ》氏の少年への性的虐待を追及していた私は、北公次氏にコンタクトを取り、過去に受けていた「被害」の証言を求めました。

北公次氏は要望に応《こた》えて忌《いま》わしき過去を告白してくれました。その告白本『光ＧＥＮＪＩ

投資の失敗は、一時的なものです。
その経験を次の投資に
生かすことができれば、
失敗ではなく貴重な経験になります。

へ』は三十六万部のベストセラーとなり、続編本を入れると百万部を超える大ヒットとなりました。このことでジャニー喜多川氏の歪んだ少年への性的欲望が白日のもとにさらされ、目的を遂げることができたのです。

しかし協力者の北公次氏はジャニーズ事務所を離れて、芸能界から干《ほ》されている立場にありましたので、氏の告白本がベストセラーになっても、日本の芸能界に活躍の場はありませんでした。北公次氏には一宿一飯の恩義がありました。この機会に日本を飛び出して、世界のエンターテインメント界で勝負してもらいたい、と考えました。歌や踊りのセンス以上に、彼にはスターに欠くことのできない、人を惹《ひ》きつけるオーラがあったからです。

世界のエンターテインメント界で飛翔するには、「マジック」が武器になる、と考えました。世界共通言語の英語を話せなければ、世界の舞台で活躍することはかないませんが、マジックなら言葉に代わるパフォーマンスが共通言語になりうると考えたのです。

そのために私の事務所の屋上に鳩小屋を作ってマジック用の白い鳩を三十羽飼育し、空中浮揚や人体切断等のマジックを行なうために、いくつもの大道具を二千万円ほどかけて用意しました。が、北公次氏は十歩先より自分の足元を見ることに懸命でした。マジックで世界にデビューして、これまでにないアイドル像に挑戦するよう、熱心に進言しましたが、氏には受け入れてもらうことができず、物別れとなって関係は終わることになりました。

今でも当時の北公次氏の「挫折」が残念でなりません。二〇一二年に鬼籍に入ってしまいましたが、あの時、彼がその非凡なるセンスを生かしてマジックに取り組んでいたら、今頃はラスベガスのホテルで常設の公演を行なうことができるほどに、世界を股にかけた大成功を収めていたに違いないと思うのです。

英語を母国語としない日本人が世界のひのき舞台で勝負するには、「マジック」というボディランゲージが必要であり、そのことで日本人の持つ手の器用さや発想のユニークさで大いなる喝采《かっさい》を受けることはまちがいなかっただろう、と今でも信じています。

ビニ本時代に儲けたおカネで『スクランブル（スクランブルＰＨＯＴＯ）』という写真週刊誌を発行したことがありました。『フォーカス』に続くものとして脚光を浴びました。挑戦したのは雑誌の発売部数はもとより、本の「流通革命」でした。本の流通を担う「取次会社」の東販（トーハン）、日販などを支える大手・老舗《しにせ》出版社の本ばかりが、主な書店の本棚に並んでいる不公平なシステムに一石投ずる戦略でした。仙台、東京、名古屋、大阪、九州に支店を置いて、『スクランブル』の発売日には、営業マンが直接全国の本屋に届けて回りました。

東京や大阪で取り扱っていただいた大きな書店の中には、先行する『フォーカス』を凌ぐ売り上げを上げる店もありました。大手の出版物が幅をきかせる日本の出版界において「新興出版社の野心的な取り組み」でありましたが、ビニ本時代の終焉とともに資金が枯渇し、廃刊に追い込まれました。

無謀にも思える既存の流通への「蜂の一刺し」の試みでしたが、今日、Amazonの成功を見る時、もう少しの資金力があったなら、と悔やまれます。

北公次氏のマジックへの投資や写真週刊誌への投資は、おカネ儲けだけを考えてのものではありませんでした。自分の関心のあることを社会で実現しようとの思いがあって、投資を行なったのです。「カネも出すが口も出す」ことを心がけました。そうした当事者としての情熱と自覚がなければ、おカネだけ出しても成功しないと考えたからです。

北公次氏のマジックへの投資は、日本のエンターテインメントが言葉の壁を破って世界に羽ばたくのには最も有効な手段と思えるものでした。

自前の出版流通という斬新な試みは、ビニ本の仕事を通じて生まれた「自由な表現」に対する熱き思いからのものでした。この挑戦は、「表現の自由を担保する雑誌や本の独自の流通を確保するためのもの」でした。根底には、見たいものを見て、読みたいものを読む権利を誰にも邪魔されたくない、との思いがあったのです。今日のようにＳＮＳのなかった時代、表現者にとって、表現する場の確保は死活問題であったからです。

投資の失敗、というのは一時的なものです。その経験を次の投資に生かすことができれば、失敗ではなく貴重な経験になります。

どうせそんなことをしても無駄、とやる前からあきらめてしまうことこそが最大のリスクです。自分のできる範囲の経済力で「後学のための投資」をすることをおすすめします。自分への投資であれば、かけがえのない「経験」という貴重な「財産」が蓄積されるのですから。

第5章

おカネを貸す・借りる

30 おカネを貸す

敵を作りたいと思ったら、カネを貸してたびたび催促するがよい。
——西洋のことわざ

すでに申し上げましたように、こう見えてもおカネを他人に貸したことがあります。返ってきたおカネもありますが、行ったまま行方知れずになったおカネもあります。返ってこなかったからといって、騙された、とか悔《くや》しい、といった気持ちになったことがありません。一億円の現金を貸した友人もいますが、おカネは返ってくることなく、貸した友人も消息不明になってしまいました。貸したおカネのことよりも、友人は今頃どこで何をしているのか、と気がかりです。元気なうちに一度会って、昔話に花を咲かせてみたい、と心の底から思っています。

信じていた友人でした。尊敬もしていました。おカネを貸してくれ、と言われた時は、こ

おカネを貸してほしい、
と頼まれると心の中で喜ぶ
気持ちがあります。
おカネは、その人間の
信用のバロメーターだからです。

んな俺を頼ってくれたか、と嬉しくさえ思いました。私にとって一億円より、彼との友情のほうが大切でした。逆に、もし私のほうから一億円の借金を彼に申し込んだら、彼はきっと用立ててくれるに違いない、と確信していました。あいにく仕事で失敗して、一億円とともに姿をくらましてしまった彼ですが、今、目の前に出てきたら、抱き合って再会を祝すことができるような気がします。

自惚《うぬぼ》れ屋さんなのかもしれませんが、おカネを貸してほしい、と頼まれると、なぜか心の中で喜ぶ気持ちがあります。おカネはその人間の信用のバロメーター、との価値観を根強く持っているからなのでしょう。こんな私を見て、お人好しにもほどがある、そのうちに大ケガをしますよ、とアドバイスをしてくれたスタッフがいましたが、この性分は死ぬまで直る気がしません。

自分の経験から言っても、おカネを貸してほしい、と他人に頼むことは勇気がいることです。人間のプライドを秤《はかり》にかけても、おカネが必要だからやむにやまれず借りに来ているのだ、と同情してしまいます。そうした相手の苦しい胸の内を思えば、できうる限りの工面《くめん》をしておカネを貸してやるのは、人として当然なことだと思っています。

大晦日《おおみそか》、明日は新年を迎えるというのに手元にまったくおカネがなかったことがあります。質屋に行って時計を質に入れ、五千円を手にし、一緒にいた友人と半分に分けたことがありました。その友人とは二十数年経った今でも交流が続いています。あの寒風吹き荒《すさ》ぶ師走《しわす》の街灯の下で、来年こそは頑張ろう、と手を握り合った絆は切れることはありません。

相手を思い遣《や》る気持ちは、人生で最も大きな財産になります。自分に相手を思い遣る気持ちがあるから、相手も自分を思い遣る気持ちを持ってくれている、と思えていつも嬉しくなるのです。

病気を患《わずら》っている時、見舞いに来てくれた人に「元気になってください」と励まされると、感謝の心で満たされます。妙な邪心や猜疑心を持つことなく、嬉しくなって心が温《あたた》まるのは、自分も病気の人を見舞った時に、心から相手の健康を願う気持ちがあるからです。もし自分の心の隅にほんの少しでもザマアみろ、とか、もっと悪くなればいい、といった邪悪な心が棲《す》んでいたら、素直に相手のお見舞いを受け入れることができません。つまり、自分の心が映し鏡となって感謝の念が生まれるのです。二心《ふたごころ》なく相手を思い遣る気持ちを持つことが大切なのは、すべては自分のためだからです。

これでオサラバ、の臨終の時に優しい心、寄り添う心に接して、口ではそんなことを言っているが、本心では俺の不幸を喜んでいるのだろう、との考えにとらわれていては、死んでも死にきれず、お前はどんな人生を歩んできたのか、と閻魔《えんま》大王にお叱《しか》りを受けることになるでしょう。

安心立命《あんしんりつめい》のためにも人を信じる気持ちを失ってはならないのです。その試金石と言えるのが、まさにおカネを貸す時です。自分の心が試されているのだ、と考えておカネを貸してあげることです。これで子供を修学旅行に行かせてあげられる、病気の家族の薬を買うことができる、住んでいる家の家賃を払うことができて、家を追い出されずに済む、といった、おカネを借りた人間のホッと一安心した顔を目《ま》の当たりにできることは、幸せのお裾《すそ》分《わ》けを頂戴したようなものです。


会社が危機に瀕《ひん》し、資金繰りに飛び回っていた頃です。途方に暮れてホテルのロビーの喫茶室のソファに体を沈めていました。目の前に突然、坊主頭の中年男が現れました。「監督、お久しぶりです」と、その男が挨拶してきたのです。誰かしらんと訝しんでいると、「三十年近く前、スカウトマン時代に女の子を面接に連れていってお世話になった者です。あの時は採用してもらうことができませんでしたが、代わりに交通費を十万円、貸していただきました。どれほど嬉しかったか、今でも忘れることができません。これはあの時借りたカネとお礼です。今は極道になって名刺を差し上げることはできませんが、お元気で」と三十万円の束を渡されました。男は稼業の仲間と思しき人間たちと連れ立って、その場から立ち去っていきました。

しばらくして、記憶の彼方にあった男の顔を思い出しました。まったく予想もしなかった再会と三十万円の「返済」に、情けは人のためならず、の言葉が頭に浮かんだものです。

青臭いことを言うようで恐縮ですが、おカネを貸すことも、返すことも、結局は「信用」を貯金することになります。たとえその貸したおカネが返ってくることがなくても、あなたさまの信用を損ねることがなかったと喜ぶべきです。そしてその信用はいつか必ずあなたさまにブーメランのように戻ってくるのが、人の世の常であるということなのです。

31 おカネを借りる

人間のまことの富は、彼がこの世で行なう善事である。
——イスラム教の開祖　ムハンマド

あなたさまはおカネを借りに来る人間に、一億円や十億円といったベラボーなおカネを貸してほしい、と申し込まれることはありません。おカネを貸してほしい、と申し込んでくる人間は、慎重にあなたさまが貸してくれるに違いない額を値踏みして、借金を申し込んできます。

相手が申し込んでくる借金の額が、あなたさまの信用の額、と考えればいいのです。一文無しの人間や冷血漢のところに借金の依頼をしに来る人間はいません。自分の弱さをさらけ出しても、この人なら理解してくれるに違いない、とあなたさまを人間として信頼しているから、心苦しくても借金を申し込んでくるのです。相手の心の痛みを、自分の痛みとして引子供の学費が払えず、恥を忍んでかつての部下に借金を申し込んだ時、人が人を思い遣《や》る心の大切さを知りました。

き受ける心の広さがあるか、を問われる瞬間でもあります。

数年前、大病を患って生活が困窮した時期がありました。もともと万が一のために蓄えをしておく考えのない私は、金銭的に途方に暮れました。マンションの家賃や生活費に加えて、最も頭を悩ませたのは子供の学費でした。新しい学年に進級することを楽しみに語る子供の顔を見るたびに、不甲斐ない自分を情けなく思いました。どんな時にあっても、子供にだけは笑顔を失うことのない人生を送ってほしい、と常々願っていました。何の罪もない子供に、親の甲斐性のなさのせいで悲しい思いをさせることは、なんとしても避けたかったのです。

これまで数百万のファンの皆さまにイボ痔のア○ルをご開帳してきた身ではありますが、人間の恥ずかしさは弁《わきま》えて生きてきたつもりでした。が、そんな恥ずかしさなど子供の悲しみの前ではかなぐり捨てなければ、と思い立ちました。

学費の金策の相手に考えた一人の男がいました。かつて私のもとで助監督をしていた人物です。今ではAVメーカーを立ち上げ、経営者兼監督としても立派に成功しています。

子供の学費は私学に通わせたこともあって、年間百万円を超える高額なものでした。学費の支払い期日までは、あと数日しかありません。切羽詰まっていました。かくなる上は彼に相談するしかない、と恥を忍んで、元部下であった男、T君のもとを訪ねたのです。彼の事務所に行くのははじめてでしたので、旧知のプロダクションの社長のH氏に道案内をしてもらいました。

T君とは二十年ぶりの再会でしたが、昔と少しも変わらない人懐《ひとなつ》っこい笑顔を浮かべ「お久しぶりです」と言って、事務所の応接室に迎え入れてくれました。向かい合って応接室のソファに座るや、「実は、おカネを借りに来たんです。誠に申し訳ないが助けてほしい」と私は頭を下げました。

するとT君は「監督、頭を上げてください。監督が経済的に困っていることを噂では聞いていました。でも僕のところになんか頼ってくれることはないだろうと思っていました。よくぞ、僕のところに来てくれました。監督、本当に感謝いたします。僕にできることならなんでもやらせていただきます」と、逆に頭を下げられたのでした。その優しい言葉に触れて、涙が滝のように目から溢れ出ました。号泣でした。隣にいるH氏のすすり泣く声が聞こえました。T君も手の甲で自分の頬を流れる涙を拭《ぬぐ》っていました。

翌日、銀行口座に彼からおカネが振り込まれていました。申し込んだ金額の倍の額でした。それ以後、数度、T君から百万円単位のおカネが銀行に振り込まれました。


「もし諸君が、カネの価値を知りたいと思うなら、出かけていっていくらかの借金を申し込んでみるがいい」（アメリカの政治家・科学者　ベンジャミン・フランクリン）

私が借金を申し込んで知ったのは、おカネの価値はもちろんのこと、それ以上に人が人を思い遣る心の価値でした。そのことがあって、T君とともに過ごした七年余の歳月が、私にとってはおカネ以上に価値のある時間であったことを知ることができたのです。

いかに落ちぶれたとはいえ、臆面もなく昔の部下であった人間に、どうして借金を頼みに行くことができたのでしょうか。私がT君を信じていたからです。T君がおカネを貸してくれる、くれない、は別として、私をけっして貶《おとし》めることのない人間であることを知っていたから、借金を頼みに行けたのでした。俗な言葉で言えば、彼の人柄を信じていたからこそできた「暴挙」でした。もしT君におカネを貸してもらえなかったとしても、彼を恨むことはなかったと思います。彼自身に、私には窺《うかが》い知れぬ事情があっておカネを貸してもらえなかったのだ、と納得していたはずです。かえってT君に心苦しい思いをさせ、申し訳なかったと詫びる思いが先に立っていたように思うのです。

それはとりもなおさず、他人から借金を申し込まれた時の自分の心の持ち方がリトマス試験紙となりました。手元にそのおカネがない時は、その代わりに、と集金してきた手形を渡したこともありました。相手は命がけで頼みに来ているのだから、私も命がけで応えなければならない、との思いで、借金の申し込みを受けていました。そうした認識から、相手も私の苦しい胸の内を理解してくれる、と素朴に信じていたからこそ、できえた借金の申し込みでした。

友人関係に貸し借りを持ち込むと友情が壊れる、と戯《たわ》けたことを言う人がいます。おカネの貸し借りは友人同士だからこそ成り立つこと。取引関係でもあるまいし、それで壊れる友情なら、それは友情の名に値《あたい》しないものです。

32 借りる心得

財布にカネのない者は、口に蜜《みつ》を持たねばならぬ。
——フランスの軍人　ブレーズ・ド・モンリュック

このモンリュックが述べた「口に蜜《みつ》を持たねばならぬ」は、「情熱を持って借金を申し込み、相手にぶつかれ」という意味だと解釈しています。恋愛で相手を口説く時に最も効果的なのは、情熱です。一に情熱、二に情熱で、情熱以上に有効な手段を知りません。人を説得する時も、同じように情熱でブチ当たるに限ります。情熱なき者は去れ、はスポーツ選手のためだけの言葉ではなく、借金を頼みに行く人間が等しく持たなければならない心構え、です。

三十年以上前のことです。私がダイヤモンド映像の経営者として衛星放送事業に情熱を注

倒産の危機に瀕《ひん》し、
八千万円の借金を
お願いした席でのこと。
必死に頭を下げ続ける最中、
私の右目から鮮血が飛び散りました。

いでいた時期でした。その日の午後三時までに、どうしても八千万円のおカネを銀行に振り込まなければならない状況に追い込まれました。それまで二十億円以上の資金を衛星放送事業に注ぎ込んでいました。二十数億円と比べれば、八千万円などわずかな金額と言えるものですが、資金が底をついていました。なんとかカネ繰りの努力をしましたが、最後の八千万円がどうしても用意できなかったのです。

もはやこれまで、万事休す、と半分諦観の境地となりましたが、このまま今までの努力がすべて無駄になるかと思うとどうしてもあきらめきれないものがありました。

そんな時、知人が都内で金融業をやろうとしている人物を紹介してくれることになったのです。渡りに船、と知人と一緒に、その男のもとを訪ねました。時間は午後一時を過ぎています。振り込みの締め切り時間まで、あと二時間しかありません。焦る気持ちを抑えながら、その男の事務所のドアをノックしたのです。女子事務員に案内されて応接室に通されますと、私と同じぐらいの年齢の男性がすでにソファに座って待っていました。

名刺を差し出して自己紹介をすると、百八十センチはあるかと思われる痩身のその男性が金融業を始めるという会社の会長であることを、付き添ってくれた知人から知らされました。初対面の挨拶もそこそこに、「アダルトビデオの衛星放送事業を手がけていて、これまで頑張ってきましたが、どうしても今日、八千万円がなければ事業が頓挫《とんざ》してしまいます。なんとかおカネを貸していただけないでしょうか」と頭を下げました。

するど会長は「担保は?」と聞いてきました。「担保はありません」と答えると、「担保もナシでやって来て、初対面の相手に八千万円を貸せとはいい度胸やんけ」と薄ら笑いを浮かべたのです。京都の人物、と聞いていた通り、言葉に関西訛《なま》りがありました。ひょっとしたらその筋の人間では、との考えが頭を過りましたが、あと数時間で倒産に直面する身ではそんなことは言っていられません。まだ暴力団排除条例施行以前の話です。

会長は貸すとも、貸さないとも言わずに、値踏みするようにジッと私の顔を凝視《ぎょうし》しています。その眼光には、幾多の修羅場をくぐり抜けてきた男だけが持つ、独特の光が宿っていました。嘘をついて騙したらタダではおかない、とこちらの本心を射貫《いぬ》く鋭い眼でした。

相手が誰であれ、その時の私は崖の上から一本のロープにぶら下がっている気持ちでした。忖度《そんたく》している余裕はありません。

「なんとかお願いできませんか」と必死になって頼み込み続けました。何十度目かの頭を下げた時です。目の前の応接セットのテーブルの上に、血しぶきがバッと飛び散りました。真っ赤な鮮血です。ハッとして、自分の右目を右手で押さえました。鮮血は右の目から出ていたのです。興奮のあまり血圧が上がり、目の毛細血管が破れ、赤い血がビュッと放物線を描いて飛び出たのでした。

はじめての経験でした。自分が驚いた以上に、肝心の土壇場で会長に醜態を見せたことが悔やまれました。なんと運が悪いことよ、と自分の目を恨みました。

その時でした。携帯電話が鳴ったのです。滅多に電話をかけてくることのない、故郷の母親からでした。何かあったのかしらんと思い、「失礼します、ちょっと電話に出させていただきます」と会長にお断りをして電話に出ました。「元気か」と電話口の向こうからノンビリした母親の言葉が聞こえてきます。「お母さん、今お客さんのところに来ているんだ。どうした?」と言うと、「なんも用事はねえ、久しぶりに声を聞きたくなっただけだ」と言うのでした。「ごめんね、後でまたかけ直すからね」と言って電話を切りました。

借金のお願いをしている最中に目から血を、応接のテーブルの上に飛び散らす失態を演じ、その上母親からの電話に出るという無作法をやらかしてしまい、もはや八千万円は絶望的だと思われました。

すると、会長が「なんや、おふくろさんか？　ワシは孤児院で育って親の情けは知らんけど、親孝行せなアカンな。よっしゃ、わかった。あんたの親孝行に免じてワシが八千万円、貸したる。目から血が飛び出すほどに一生懸命なあんたが気に入ったんや」と八千万円を貸すことを承諾してくれたのでした。

禍《わざわい》を転じて福と為《な》す、の言葉を絵に描いたような展開でした。私の必死の懇願が、会長の心に響《ひび》いたのです。それから会長のお付きの専務さんと一緒に銀行に行き、八千万円を振り込んでいただき、ことなきを得たのでございます。振り込みが完了した時、時計の針はちょうど午後三時を指していました。


「仕事はあきらめてはいけない。最後のひと押しが成否を決めるのだ。人生は紙一重だ。こちらが根負けしかかった時、相手もこちらに根負けしかかっている」（リコー三愛グループ創業者　市村清《いちむらきよし》）

情熱を失うことなく、あきらめることがなければ神風が吹く、ということを身をもって体験した一幕でした。自らに恥じる点がないならば、情熱のままに相手にブチ当たることです。人は「自分の決めた限界」に敗れるのでございます。

33 貸す心得

金銭のことを軽率に処するなかれ。金銭は品行なり。
——イギリスの作家・劇作家　エドワード・ブルワー＝リットン

おカネを返す者、返さない者、の見分け方はなかなか困難です。おカネを貸しても、そのおカネが、借りた人間が言う通りに使われるとは限らないからです。車の修理代金に支払う、と言っていたものがバクチに消えていたり、親戚の急な冠婚葬祭に使うはずのものがサラ金の利子払いに使われていたりするからです。一度自分の手から離れたおカネの用途を確実に把握することは不可能です。ですから、貸した以上は相手の言うことを信じて、返してくれるのを待っているしかありません。

私はひとたびおカネを貸してしまえば、それから先のことは「あげたもの」と、詮索《せんさく》はしない考えの持ち主ですが、貸すのをやめることがあります。

それは、ギャンブルと借金返済のためのおカネです。ギャンブルにおカネを注ぎ込んでいるような奴に、その軍資金を貸すほどお人好しではないからです。また、借金返済のための借金を申し込んでくる人間にも、おカネを貸すことはありません。借金返済のためのおカネを用立てていると、いつまで経っても本人は借金地獄から立ち直ることができないからです。一括返済し、再起を図るというのならば別ですが、借金のための借金に協力することはありません。

いざとなったら助けてくれる、との安易な考えを捨てることができずに、借金を重ねることがやめられない、なお性懲《しょうこ》りもなく借金を申し込んでくる、そうした人間には「おカネを貸してください、と言うのではなく、おカネを恵んでください、と言いなさい」と注意をするようにしています。「返すアテもないクセに、貸してください、などと聞いた風なことを言うんじゃない。物乞《ものご》いと同じく、恵んでください、と言いなさい」と叱ってやるのです。

本人のためであれば、時には自分が何者になっているか、を思い知らせることが必要と考え、心を鬼にしています。

相手がおカネを返すか、返さないかを見分けるのは困難です。ひとたび貸したら、「あげたもの」と考えて詮索してはいけません。

この人間は本当におカネを返すことのできる人間か、を「陰口」で判断しているカネ貸しのオヤジがいました。そのオヤジは東京では有名なカネ貸しで、都心の一等地に自社ビルを持ち、最上階に自らの会長室を構えていました。

私は知人の保証人になったことから、このカネ貸しの七十代の会長さまとお付き合いする羽目となりました。知人の男が姿をくらまし、保証人の私が代わりにおカネを返さなければならなくなったからです。

月に一度は会長さまのところに、元金の一部と金利を届けに行っていました。そんなある時でした。会長さまが出かけていて、部屋には四十代の秘書の女性と私の二人きりでした。秘書の女性が傍に来て、声をひそめて、「エレベーターの中に盗聴マイクが仕掛けてあるから気をつけてくださいね」とコッソリ教えてくれたのです。

その後会長さまに会いに行くたびに、八階までのエレベーターに乗ると、「天国の父ちゃん、母ちゃん、これから仏様のような会長さんに会いに行くんだ。お世話になっている会長さんに恩返しをしたいから、天国から会長さんの健康を祈ってね」と独《ひと》り言《ごと》を言うようになりました。会長さまが盗聴マイクで聞き耳を立てていることを知り、覚えめでたくしてもらおうとの魂胆からです。

会長さまはいつになく上機嫌で迎えてくれて、「保証人のお前からカネを取り立てるのは気が重いが、俺も商売だから仕方がない。悪く思わんでくれ」と労《ねぎら》いの言葉をかけてくれるのでした。帰りのエレベーターの中でも、「天国の父ちゃん、母ちゃん、見ていてくれたかい。会長さんは本当に親切でいい人だろう。俺は絶対に会長さんを裏切るようなことをしないから、天国からシッカリ見ていてね」と一人芝居を続けました。あれほど真剣に一人芝居をしたことはなかったように思います。

こうしたことが半年ほど続くと、会長さまのほうから「もしカネがいることがあったら、いつでも言ってくるように」との言葉をかけてもらえるまでになりました。

盗聴マイクが仕掛けられていることを知らない他のお客たちは、上りのエレベーターの中で、「あの会長の野郎、あんなに高い金利を取りやがって、人間じゃねえ。とんでもない口クデナシだ」とさんざん悪口を口にします。八階の会長室に到着すると、掌返しをして「会長、尊敬しています。会長は命の恩人です。今回おカネをお借りできたおかげで明日の銀行決済の手形も落とせます。ありがとうございました」と平身低頭するのでした。

そして借りたおカネを手にして、帰りのエレベーターの中の人となると再び豹変《ひょうへん》し、「あの馬鹿野郎、偉そうにしやがって、何様だと思っているんだ。そのうち思い知らせてやるから覚えておけ」と悪態をつくのでした。

会長さまは、そうした借り主の本心を盗聴器で聞いているので、「金利だけでなく元金を一度返してくれたら、今度は三倍のカネを貸してやるから」との甘言《かんげん》を弄《ろう》して、おカネを引き上げる手に出るのでした。

それが会長さまの「仕返し」と知らぬ「掌返しの借り主」たちは、「次は三倍のカネを貸してやる」の言葉を信じ、欲ボケして他の高利貸しから無理に借金をしてきたおカネで返済をするのでした。受け取ったら最後、会長さまは居留守を使い、二度と再び「掌返しの借り主」の前には姿を現さない、という寸法です。このやり口にあって、借金で首が回らなくなり、首を括った名うての極道もいました。

人の心の内は盗聴マイクでもつけなければ見抜くことができない、ということでしょう。

貸したカネを必ず返してもらおうとすれば、心を鬼にしてそこまでやらなければならないという現実がそこにはありました。

逆立ちしても真似のできない、カネ貸しの業を持つ人だけができる離れワザ、でございました。

34 返済の心構え

カネを失うのは小さく、名誉を失うのは大きい。しかし、勇気を失うことはすべてを失う。

——イギリスの政治家　ウィンストン・チャーチル

おカネを借りた後、それを返すのは当たり前のことです。が、いったん借りたおカネを返すために相手のところへ出向くのは、なかなか気まずいものです。いっそ直接返しに行くのではなく、銀行振り込みで済ませたいと思うのも人情です。銀行やローン会社であればそれでいいでしょうが、知り合いから借りた場合は、どんなに億劫《おっくう》でもおカネを持って直接会いに行き、お礼の言葉とともに返済するのが人の道です。

そうすることで、相手はあなたさまに「貸してよかった」と納得してくれることになります。誠意を示すために勇気を振り絞らなければなりません。

無条件で三百万円を貸してくれた
男の恩に報いるため、
一日も遅れず十五年間
毎月三十万円、計五千四百万円
を払い続けました。

恥をかきたくない、などという喉元過ぎれば熱さ忘れる、の増上慢な気持ちこそ恥ずかしいのです。

私の父親は傘修理の行商という、天気に左右される仕事をしていましたので、晴れが続いたり雨が続いたりすると、たちまちその日の夕食にも困るほどになり、母親に、隣町に住む父の姉のところに行ってカネを借りてくるように、と言いつけるのでした。

しかし、約束の返済日になってもおカネの都合がつかない時があります。そうした時はアチラコチラのつてを頼っておカネを掻き集め、伯母のところへ持っていくように母親に命じました。母親は「なにも他から借りてきてまで帳尻を合わせなくても、一言待ってくださいと言えば済むのに」と抵抗しましたが、父親は「約束の日に、約束のカネをそろえて返してこそ信用だ」と頑《がん》として言うことを聞きませんでした。

「ホラ、この通り、約束通りに返済します」と持参したおカネを見せては、そのまま、また借りてくるのですから、母親の言う通り、父親は無駄なことをしているのでした。しかし、父親にはなんであれ「約束の日にカネを返す男」というプライドがありました。そのプライドを守るために、面倒な役割を母親ははたさなければならなかったのです。

子供心に父親と母親のやりとりを聞いていて、父親のほうに理があるような気がしていました。台所事情はどうであれ、約束は約束として、とりあえずは借りたおカネをどこからか工面してでも返済しに行く、という父親のやり方が正しいと思えたのです。母親は「夫の姉と夫」の板挟みになって、やりきれない気持ちではあったのでしょうが、大人になって改めて、父親の「とりあえず元金をそろえて返しに行き、その上でまた借りてくる」という方法がきわめて合理的であることに気づいたのです。

知人のカネ貸しの男が同じやり方をしていました。返済の約束の日には、金利だけではなく元金も返してもらうことを流儀にしていました。よほどの事情がない限り、その鉄則を曲げることはありませんでした。そうすることで、おカネを借りた人間がまだどこかでなんとか元金を工面してくるだけの信用があるかどうか、を量《はか》っていたのです。こうしたことを徹底していたせいか、このカネ貸しの男は「ほとんど貸し倒れというものがない」と豪語していました。

相手の気持ちを優先することで、コトがうまく運ぶのはSEXだけではありません。おカネを借りた相手に対しても、相手の自尊心に配慮したおカネの返し方を心がけるべきなのです。そうした付き合いをしていると、急におカネが必要となった時に、無条件で助けてくれる、頼れる相手となるものです。

ダイヤモンド映像が倒産した時、あるプロダクションの社長に振り出した先日付《さきひづけ》小切手が不渡りになりました。金額は八百万円でした。半年ほどして、プロダクションの社長の「友人」と称する男が訪ねてきました。八百万円の小切手を買い戻してほしい、と言うのです。男はその八百万円の小切手を担保に七百五十万円をプロダクションの社長に貸した、と言うのです。

プロダクションの社長の携帯電話を鳴らしてみましたが、「お客さまのおかけになった電話番号は現在使われておりません」という声が流れるだけです。倒産したため、八百万円のおカネを返済する余裕はありませんでした。すると男は「あんたも大変だろうから、三百万円貸してあげる。その代わり、八百万円の小切手分と新しく貸す三百万円の合計一千百万円の金利を毎月三十万円払う、という約束をしてほしい」と言うのでした。

一文無しに等しい状態でしたので、三百万円のおカネは飛びつきたくなるほどに魅力的でした。毎月三十万円の金利を払うことを承知して、男から三百万円を借用しました。その後、毎月十日、二十日、月末、と月に三回、十万円ずつ毎月三十万円を男の事務所に行って返済し続けました。

返済を始めてから五年ほど経った時、偶然に件のプロダクションの社長と街頭で再会しました。あの時渡した小切手のおカネを今でも返済している、と男のことを話すと、社長は「そんな必要はありません。監督が倒産した後に、私はその分の七百五十万円を彼に返済したのですから」と色をなして言うのでした。

しかし、時すでに遅し、でした。すでにこの五年間で金利分の一千八百万円は支払い済みでした。いったん約束をして三百万円を新たに借りた手前、今さら蒸《む》し返すわけにはいきませんでした。それから十年、合計十五年にわたって一日も遅れず十日、二十日、月末、と十万円ずつを男のもとへ持参して返済し続けました。

私にとってはあの時、男が貸してくれた三百万円は、砂漠で飲む一滴の水のごとき価値のあるおカネでした。キッチリ十五年間、合計五千四百万円を払い終えた時、勇気を出して男に「これで終わりにしてほしい」と頼みました。男は「わかった」と言ったきり、何も言いませんでした。

一度の恩に報いるために十五年間毎月三回、合計五百四十回、一日も遅れることなく愚直におカネを返し続けた歳月は、なによりも自分の誇りとなっています。

35 債権者の本音

俺が負けないのは失うものが何もないからだ。
――映画『OK牧場の決斗』より

おカネを借りる時は神様、仏様であっても、いざ返済の段となれば、「鬼、畜生」と恨みを募らせるのが人情でございます。しかし考えてみれば、逆に自分が相手に十万円でも貸して、もしそれが返ってこなかったら、夜も眠れず「あの野郎、許せない」となって、討ち入りでもしかねない勢いとなるものです。

もしおカネを借りて厳しい取り立てにあっても、逆恨《さかうら》みをしてはいけません。あなたさまが逆の立場だったら、と思えばいくらでも我慢ができるはずです。あなたさまにおカネを貸したばっかりに、本来ならシャレたリビングでコーヒーの芳《かぐわ》しき香りを嗅《か》ぎながらアンニュイなひとときを過ごせていたものを、鬼の形相で返済を迫らなければならなくなったのです。相手のその胸中を思えば「申し訳ない」といくらでも頭を下げられる、というものでございます。

よく借金で首が回らなくなって「死にたい」などと口走っている人がいますが、とんだお門違《かどちが》いです。死にたいのは、大事なおカネを貸したのに返してもらえない相手のほうなのです。相手の立場で考えることができないから、自分だけが悲劇の主人公の視野狭窄《きょうさく》に陥り、いたずらに嘆《なげ》き悲しむことになるのです。

債権者との付き合い方は、一にも二にも相手の気持ちになってひたすら許しを請《こ》うこと、に尽きます。命さえ取られなければ、何をされてもかまわない、ぐらいの気持ちでいることが望まれます。

ある男に五千万円を借用していました。その五千万円を借りたまま私の会社が倒産したため、返済できずにいました。男は私がそれぐらいのカネが返せぬことはない、と厳しく返済を迫ってきました。私の「栄光の時代」を知っている彼は、五千万円程度の〝ハシタガネ〟をあの「AVの帝王・ムラニシ」が返済できないワケがない、と思い込んでいたのです。

五千万円を借りていた男に
連れて来られた夜のダム。
思いつめた表情で
「ここから飛び降りてよ」
と懇願されました。

男の再三にわたる借金返済の請求にも応じることができないまま、一年ほどの歳月が過ぎていました。会って話がしたい、と言うので約束の場所へ行くと、男が車でやって来ました。助手席に乗れ、と言うのです。おカネを借りている立場上、言われるままに男の運転する高級外車の助手席に乗りました。車はそのままエンジン音を響かせながら高速道路に入り、一路関越道《かんえつどう》を新潟方面へとひた走っていきました。

高崎《たかさき》インターチェンジで降りると、そのまま二時間ほど山間の坂道を上り続けました。その間、男はほとんど無口で、私との間に会話はありませんでした。しばらくして車が停まり、男が車を降りました。私もつられるようにして外に出ると、暗闇の中、「ザーッ」という水の流れる音が下から聞こえてきます。見回すと、そこはダムでした。

男は私の傍に来ると、「監督、あんたに貸したおカネはもう返してもらわなくてもいいよ、俺はあきらめた。その代わりにここから飛び降りてよ」と優しい声で言うのでした。

自分が立つコンクリートの建造物から下を覗くと、薄暗い街灯に照らされてはるか下に水面が見えました。とんでもない高さのダムでした。まさかここから飛び降りてくれなんて、と背筋が寒くなりました。まさか、まさか、と思いつつ男の顔を見ると、その表情は先ほどとはうって変わって思いつめたようにこわばっていました。腹を括って一歩も引かない、との決意さえ窺えたのです。

マイッタ、これは真剣だ、どうしよう、と頭が目まぐるしく回転しました。男の言う通り、ここから飛び降りることなど、できない相談でした。しかし、拒否しても男が容易に引き下がるとは思えませんでした。

いざ取っ組み合いの力勝負となれば、互角以上に男とやり合う自信がありました。が、ふと、男がなぜダムのあるこの場所に土地勘があるか、と考えました。男は狩猟が趣味で、猟犬のポインターを飼っていました。以前、都内の公園で、その猟犬を連れて歩いている姿を見かけたことがありました。男は猟銃も持っているはずでした。そう、車のトランクの中に……。マズイことになった、と強烈に危機感を持ちました。ここはなんとしても男を説得しなければ、とスイッチを切り替えました。それから弁舌の限りを尽くして「飛び降りさせる選択」の撤回を求めたのです。

「私は痩《や》せても枯れても、ＡＶの帝王と呼ばれた男です。生かしておいてくれさえすれば、借用した五千万円どころか倍の一億、いや十倍にして必ず返済してみせます。どうかこの私を信じてチャンスをください。ここで私を殺してしまっては元も子もなくなります」と必死になって男を口説き続けました。土下座をしてその足にすがりもしました。

一時間近くの時間が流れたかに思います。男は唐突に「帰ろう」という言葉を口にしました。表情を窺うと、男は先ほどのこわばった形相から憑きものが落ちたような表情になっていました。何が男の心を変えさせたかはわかりませんが、「これで助かった」とホッと胸を撫《な》でおろしたものです。

男の運転する車に乗って、東京へ戻る道を走り続けました。車内では私の撮影の失敗談に花が咲き、男はハンドルを握りながら声を出して笑いました。男は五千万円のおカネを貸してくれた時の快活な好男子に戻っていたのです。男がなぜあの時、暗闇に包まれたダムの上で急に心変わりをしたのか、今でもわかりません。その後一年ほどして無事五千万円を返済することができましたが、男は利子を取ろうとはしませんでした。

男が心変わりをした本当の理由はわからなくても、最後まで詫びてけっしてあきらめなかった私の姿勢が、男の心の中の頑なな壁を突き破ったことは確かでした。

36 借金と信用

カネだけが人生ではないが、カネがない人生もまた人生とは言えない。十分なカネがなければ、人生の可能性の半分は締め出されてしまう。
――イギリスの作家　サマセット・モーム

日本の優れた大企業の中で、借金をしていない会社はほとんど見当たりません。いかに資産があろうとも、それを現金にかえることは難しく、銀行から借金をして、その資金で会社を経営しています。借金は恥ずかしいことでもなんでもなく、信用のバロメーター、自分の財産、との考えが正しいのです。

個人の借金も「信用」という裏付けがあって可能となっているのですから、借金の額の大きさに押しつぶされる必要はありません。社会が、あなたさまにそれだけ借金をする力があって相当、と認めているのですから、安心してください。逆に借金をバネとして頑張る逞《たくま》しさが求められます。

おカネを借りることが恥ずかしいことであったり、悪いことであったりするならば、銀行は存在せず、社会から投資は消滅し、経済における成長のダイナミズムは失われます。資本主義経済の社会にあって、借金こそ経済発展を牽引《けんいん》する起爆剤なのです。

経済戦争においては、関《せき》ヶ原《はら》の戦いと同じように敗れることもあれば勝つこともあります。勝者は勝って兜《かぶと》の緒《お》を締めて、驕《おご》ることなく、いっぽうで敗者は捲土重来を期して再び研鑽《けんさん》の時を過ごせばいいのです。

日本のように、一度会社を倒産させたらそれでアウト、という考えが根強い社会はまちがっています。アメリカのトランプ前大統領は四回（六回とも）の破産を経験しているそうです。米国のように、立ち上がろうとする者には何度でもチャンスを与えることこそ、逞しい経済のイノベーションが促進されていくものと考えます。

知り合いの銀行の支店長が、最近は起業しようとする人間が少ない、と嘆いていました。安定第一で人生の挑戦を恐れ、サラリーマン生活で満足している若者が増えているというのです。会社を興《おこ》して経営者としての成功を目指す人間が「希少動物」になっています。そこ

五十億円の借金を返して得た
「逆境に強い男」の称号。
まさしく借金返済は、
「信用」という貯金になったのです。

で、一度失敗した企業経営者にも過去の躓《つまず》きで委縮することなく、妻や親戚を新たな経営者に立てて再度挑戦するようにアドバイスをしている、という話でした。

知人である有名私大の経済学部教授が、担当するゼミの三十数名の学生にアンケートを取ったところ、「将来起業したい」と希望する生徒はわずか五名にすぎなかったと言います。あとは安定した公務員や大企業への就職を希望しているとのことでした。

米国のハーバード大学やイェール大学といったエリートを輩出する大学の学生たちは、大学を卒業すると同時に、多くは起業することを目指しています。高い学費を払って高度なスキルを身につけたのだから、それを社会で有効に生かすためには独立して起業するのが一番、と考えているのです。起業して、頑張ってうまくいけばMicrosoftやAppleやFacebookの経営者などのように、数兆円の「アメリカン・ドリーム」を手にすることができるからです。

ダイヤモンド映像が倒産した時、私は五十億円の負債を抱えました。業界人や世間の人々は五十億円もの借金をしていたのか、と驚きました。しかし、それだけの借金を抱えたことは、私の信用の賜物《たまもの》でした。当時はまだ、AV業界は日陰者扱いで、銀行は相手にしてくれず、たとえ五十万円ですら、AV業界人が銀行から借金をすることはできなかったからです。

借金は、知り合いや取引先関係からのものを除くと、銀行関係だけで約三十億円ありました。自分の会社を倒産させなかった他の業界人は、なにも経営が堅実だったからではなく、あのバブルの時代ですら借金しようにも信用がなくておカネを貸してもらえなかったか、何もしなかったゆえに難を逃れただけです。

私の会社が倒産した際、真っ先に銀行が、私に自己破産をするよう申し立ててきました。自己破産をさせて債権を確定させ、会計上の損金処理をしようとする目論見《もくろみ》です。血も涙もない要請ですが、銀行にはいつまでも回収の見込みのないおカネを貸金として計上しておくと、そこにかかる税金を払わなければならないという、税務上の問題があったのです。

しかし、自己破産を求められた私にすれば、破産することによって失われる社会的信用は甚大です。確かに「破産」は法律上許されている「自己防衛」の一つですが、いっぽうにおいて社会通念上の「禁じ手」でもあります。この男は、いざとなれば破産をして逃げる卑怯者との烙印《らくいん》を押されてしまえば、その後リベンジをする際に障害になってしまいます。自己破産しないで最後まで戦い抜く、ということは、誠にもって「言うは易し行なうは難し」ですが、私は自己破産をしないことを選択し、頑張りました。

一年の間に立て続けに二度、裁判所から自己破産をすすめられましたが、奇《く》しくも同じ女性の裁判長さまが担当でした。裁判長さまは「あなたのように続けて二度も自己破産を求められた人は珍しい。どうして自己破産をしないのか」と尋ねられました。

「この程度のおカネはすぐに返済できるので、自己破産する必要がないからです」と答えると、裁判長さまは珍しいものを見るような眼差《まなざ》しを私に向けられたものです。

五十億円の借金を返済し終わった今、正直に申し上げれば、そのうちの五億円でも借金返済に回さずにマンションでも買っておけばよかったのではと、ふと心に「良からぬ妄想」が浮かぶことがあります。しかし、五十億円の借金返済をしたおかげで、「逆境に強い男」の称号をいただくようになりました。

仕事柄、メディアに顔を出しているため、出演しているテレビ局の玄関に、借金取りが押し掛けてくる状況などもありました。逃げ隠れするワケにはいかない、借金返済の長い道でした。

世界ではじめて片面二層の四時間十六分のＤＶＤの作品を五本制作した時の五億円は、借金を返した先から再び借りることのできたおカネでした。まさしく借金返済は、「信用」という貯金になったのです。

第6章

おカネを愛する

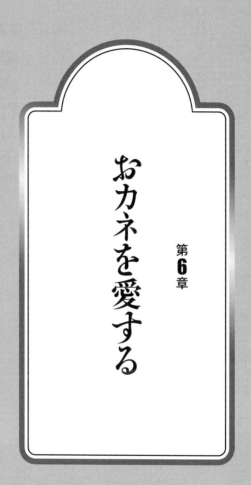

37 愛される条件

一切の人生の果実は、その人の蒔《ま》いた種子のとおりに表現してくる。
——思想家 中村天風《なかむらてんぷう》『真人生の探究』より

昔から「カネは天下の回りもの」と言われています。おカネのことを、傘修理の行商人だった父親は「おアシ」と言いました。カネは天下の回りもの、で足が生えているように通り過ぎていく、という意味で使っていた言葉でした。昔の人は「天下の回りもののおカネに固執して、えげつない銭ゲバになるな」と戒《いまし》めたのです。

おカネに愛される人の条件、と言えば、とりもなおさず「人間に愛される人」になります。人間と人間とで成り立っている社会では、おカネを得ようとすればそのおカネの主人である人間に好かれることが先決だ、ということです。社会で出世して成功し、お金持ちになった人間に通有するのは、「誰からも好かれて慕《した》われている人間」だということです。

おカネに愛される人は、
人間に愛される人です。
この人のためなら役に立ちたい、
と愛されている人間が
お金持ちになるのです。

この人のためなら役に立ちたい、と愛されている人間が、お金持ちになっています。愛される人間の周囲には、人が集まってきます。知恵を出し、力を出し、必要であればおカネまで出して、愛している人間を盛り立てようとします。だから愛される人間は成功してお金持ちになることができるのです。

親戚の男に、日本を代表する出版社でトップの地位に就いている人間がいます。編集者時代にはこれといったスクープやベストセラーにかかわったわけでもなく、編集者としての力量は凡庸《ぼんよう》との評でした。偶然に夜の街で出会う時などは、担当する著名な作家と飲んだくれていました。確かに人付き合いだけは良い男でした。気がつけば、その人付き合いだけが良い男、と思われた彼が、他のライバルを蹴落として、トップの座に就いていたのです。

社内の編集者仲間や作家に好かれる、親しまれる人柄が多くの人たちの支持を受け、競争相手を差し置き、サラリーマンとして最高の出世の座に押し上げられたのです。

逆説的になりますが、「おカネに愛される人間は、おカネより人を愛する人間」と言えるのです。

テレビでお馴染みの高須クリニックの高須克弥《たかすかつや》院長は、おカネは血液と同じ、とおっしゃいます。血液のようにおカネも循環させないと腐るし、余分な量は体に悪い、という考えをお持ちです。すべての財産は子供たちに遺《のこ》さず、ボランティア活動に使い尽くすことを公言されています。チベットの学生を医者にするための支援をしたり、災害に見舞われた被災地にヘリコプターで物資を届ける活動に情熱を傾けられたりしています。お金持ちでありながらそのおカネに恬淡《てんたん》とした人柄が人気を呼び、あちこちで引っ張りダコとなっています。

ニワトリが先かタマゴが先か、は判然としませんが、結果的に「yes！高須クリニック」の家業は、千客万来の大盛況となっているのです。

AV業界で成功するにも、おカネより人間的な評価が最も重要です。私たちのAVの仕事は、自分一人が張り切ってもどうにもなりません。パートナーとなる優れたAV女優さまとの出会いがあって、はじめておカネをいただける仕事が成り立つのです。自分の才能に自信をなくしたり、資金が払底するといった逆境が続いても、めげる必要はありません。抜群の魅力を持つAV女優さまとの出会いがあれば、一発逆転はいくらでも可能だからです。

おカネはAV女優さまが運んでくるのです。すべての運は人間関係で決まる、と言いますが、ＡＶ業界ほどその言葉が当てはまる世界はないのでは、とさえ思います。有望と思われるＡＶ志願の女性と出会って最も大切なことは、おカネ以上に彼女に必要とされる、彼女の支えであることができるか、ということです。ＡＶという道を前にして不安が過り、心細さで泣き出したくなるような彼女に、この監督に人生を賭けてみよう、との決断をしてもらえる信頼感を醸成《じょうせい》することが不可欠なのです。おカネに愛される前に、彼女に愛されなければ何も始まらないのです。

私が以前、六年ほど住んでいたマンションの部屋の窓からは、目の前にお墓が見えました。朝晩、窓際に立ち、静かにたたずむいくつもの墓石を眺めるのが日課でした。

立派な墓石が建てられた真新しいお墓がありました。生前は相当の成功を収めた人物のお墓であったのでしょう。しかし私がそのマンションで生活していた六年間、一度もその墓に花が手向《たむ》けられることはありませんでした。

小さなお地蔵さんを模《も》したお墓がありました。月命日と思われる日には、毎月その小さなお地蔵さんのお墓の前に額《ぬか》ずく年配の女性とその娘と思われる二十代の女性の姿がありました。家族の誰がそのお墓の下に眠っているのかはわかりませんでしたが、人の命がこの世から消えても、愛した人の記憶の中にある限り、永遠に生き続けるということを教えてくれた光景でした。

棺《かん》を蓋《おお》いて事定《ことさだ》まる、と言います。いずれあの世に小荷物一つ持つこともできずに宇宙船に乗って旅立つ身では、この世で最も大切なこととは何か、を知るべきでございます。

それは人に愛されるに相応しい人間の生き方を貫くこと、でございます。そのことによって、おカネに愛される人間となるのでございます。おカネに愛される人の条件は、人に愛される人間であることを肝に銘じるべきです。

38 おカネの奴隷

世の中で最も金持ちなのは倹約家であり、最も貧乏なのは守銭奴である。
——フランスの劇作家・思想家　セバスチャン・シャンフォール

おカネの奴隷になっているとしか理解できない女性がいました。彼女はVシネマにも何本か主演をしたことがある若手の女優さんでした。彼女と知り合ったのは、私が地方のテレビ局でMCの仕事をしていた時のアシスタントとして、でした。彼女はロリータフェイスでコケティッシュな雰囲気を漂わせていました。小悪魔、と言ってもいい印象を覚えたものです。しかし、時間が経つほどに、その正体は小悪魔どころか「大悪魔の守銭奴」であることがわかったのです。

五、六回共演した頃でした。毎週一回の放送の番組収録はスタジオで行なわれていました

組長の愛人として貯めた
二十五億円を騙し取られた
ある若手女優。
そこから彼女は、
おカネの奴隷へと
堕ちていったのです。

が、その週の収録は地方のレジャーランドの特設会場で行なわれました。本番前、着替え用に割り当てられた、レジャーランド併設のホテルの一室で待機していると、前触れもなく彼女が突然私の部屋に現れたのです。

「監督、このお洋服、私に似合うかしら」とチャイナドレス姿でクルリと一回転してみせました。スレンダーなボディにアンバランスな大きな胸がツンと天井を向いているのがはっきりとわかります。細くキュッと締まったウエストのくびれから艶《あで》やかな曲線を描いて張ったヒップが実に悩ましく、胸が高鳴りました。

するると彼女、「この下着でいいかしら」とチャイナドレスの裾をめくり上げたのです。おみ足の付け根が露《あら》わになりました。そこには何も覆うものはなく、むき出しの下腹部が目に飛び込んできたのです。思わず生ツバを飲んで見つめると、思いのほか濃い漆黒のアンダーヘアが生い茂っていました。「ウフフ」と意味深な笑い声を口にする彼女に、あれは「野性の本能」と言うのでしょう、有無を言わさず飛びかかってしまった私でございました。

男と女の関係になって、過去の「男関係」を彼女の口から聞くことがありました。高校を卒業し、女優を目指して名古屋から上京して、都内の演劇学校に通っている時でした。原《はら》宿《じゅく》のカフェでお茶を飲んでいると、たまたま隣の席に居合わせた名の知れたプロゴルファーのOに見初《みそ》められたのです。誘われるままに何度か食事に行っているうちに理《わり》ない仲となりましたが、Oにはすでに妻子があり、あくまでも愛人関係、でした。Oはバクチが大好きで、広域暴力団の開く賭場にも彼女を連れて頻繁《ひんぱん》に出入りしていました。その賭場でOは、九億円近い借金を作りました。賭場主である広域暴力団の組長は、九億円の借金の代わりにOに彼女を差し出すように、と求めました。かねてからロリータ趣味の組長は、Oが引き連れていた彼女に食指を動かしていたのです。

九億円の借金をチャラにしていい、との話にOは飛びつき、彼女に「組長の女になってほしい」と土下座をして頼んだのです。潮時《しおどき》でした。借金の代わりに自分の女を差し出すような男に未練はありませんでした。

組長の「女」となってから、彼女の環境は一変しました。芸能界にも太い人脈がある組長の口利きで、テレビドラマやバラエティ番組にも頻繁に出演できるようになったのです。そしてなによりも、彼女を変えたのは組長のおカネでした。多忙を極めて全国を飛び回る組長との逢瀬の時は限られていました。待ち合わせの場所で十五分ほど話をして別れる、などということもしばしばでした。組長は彼女と会うたび、一千万円のブロックの札束を紙袋に入れて必ず渡しました。十五分で一千万円の小遣い、とはさすがその世界では知られた組長なのでした。

突然の病で組長が亡くなるまでのほんの三年間でしたが、彼女の手元には二十五億円ほどの「小遣い」が残りました。組長亡き後、そのおカネを狙って近づいてきた男がいました。彼女が組長と会うたびに一千万円を貰っていたことを知っている、亡き組長の側近でした。その男から、米国の有名化粧品会社の日本代理店の権利が売りに出されているから買わないか、と誘われたのです。権利金三十億円のうち、五億円は自分が用意するから残りの二十五億円はオーナーになるあなたが用意してほしい、とのことでした。

その言葉を信じて有り金のすべてである二十五億円を男の銀行口座に振り込むと、翌日男は姿をくらましました。騙されたのです。一文無しとなった彼女が再起をかけ、芸能界での活動に力を入れ始めた頃に、私は彼女と出会ったのでした。

彼女と他人でない間柄になってすぐ、田舎の父親が病気だから六百万円貸してほしい、と申し込まれました。ＡＶにデビューするつもりだからその出演料として先にください、との彼女の申し入れを快諾して、六百万円を渡してビデオを撮りました。彼女クラスの女性なら六百万円でも安いくらいです。

他のスタッフに見られたくない、との彼女の希望を聞き入れて、二人きりで「ハメ撮り」をしました。ビデオは彼女がＯＫを出すまでは発売しないという約束でした。

その後、テレビの番組での共演が終了すると同時に、彼女は行方知れずとなったのです。六百万円のおカネは、そのまま返ってくることはありませんでした。

なによりも驚いたのは、彼女が私以外に、私の周囲の人間からもかなりの額の借金をしていたことです。彼女を紹介したことがある知人の外車ディーラー経営者やテレビ番組の制作会社社長、十店舗のレンタルビデオチェーンを持つ若社長まで、手あたり次第におカネを借りまくっていたことが判明したのです。若社長などはショックのあまり倒れ、心療内科に二カ月近く入院したほどでした。

それでわかったことがあります。ある時、彼女とベッドを共にした時のことです。彼女の恥毛がキレイに剃《そ》られて失われていたことがありました。気分転換のために剃ったの、と彼女は弁解していましたが、あれはロリータ趣味の外車ディーラー経営者の嗜好に合わせたのに違いなかったのです。

彼女が皆から借金して集めたおカネを何に使ったのかはわかりませんが、一つだけ見当がつくことがあります。二十五億円のおカネを騙し取られ、それから彼女はおカネ、おカネ、とおカネの奴隷になって、あたりかまわずおカネを借りまくった、ということです。おカネの飼い主になることを夢見ておカネに熱中しているうちに、いつかそのおカネの奴隷になって悪銭身につかずという、よくある話、なのでございました。

彼女は賢く、容姿も申し分ない、女優としてもとてもレベルの高い女性でしたので、おカネの奴隷になることなく、まっとうな生き方をしていたら、幸福な人生を送っていたに違いありません。

おカネも世の中のすべてのことも、天から授からないものはどうジタバタしても授からない、という当たり前の「人生の定理」を悟ることが、おカネに振り回されない人生のコツ、なのでございます。

39 金銭欲を見つめる

俺たちの一生を台無しにするのは、運なんて言うものじゃない。人間なんだ。
――ロシアの作家　フセーヴォロド・ガルシン

人生では、いくら頑張ってもどうにもならないことがいくつかあります。直接自分の背中を見ること、自分の死んだ姿を見ること、鳥のように自分の体だけを使って空を飛ぶこと、などです。簡単にお金持ちになること、もその一つに数えていいでしょう。

誰でもおカネは欲しいものですが、そのおカネを山ほど持つお金持ちになるのは並大抵のことではありません。自分の背中を見ることなどと肩を並べる難しさに思えるのですが、悲しいかな、人間はそのおカネを容易に手に入れることができると考えて、おカネに妄執し、奴隷になりはてるのです。

現実の世界では、人並み以上におカネを手に入れることは尋常なことではありません。その尋常でないことをあたかも簡単にできると考えて暴走し、落とし穴に嵌まって人生の敗残者になっていく人たちが後を絶ちません。

「いざとなれば、おカネのためならなんでもやる」とタンカを切る女性がいます。「AV女優にだってなってやる」と言うのです。

しかしAV女優は、本人が「なんでもやれる」と思ったとしても、簡単にできるお仕事ではありません。容姿がすぐれ、スタイル抜群、頭も心も良く、なによりもSEXが大好きで、足の付け根が絶品でなければなりません。そうした条件をクリアできる女性など、ほんの一握りです。「いざとなればAV女優になってやる」と言っても、AV女優になることは考える以上に狭き門、なのです。

これまで、AV女優以外にも多くの女優やタレントを撮影してきましたが、素っ裸になって勝負をすることを要求されるAV女優ほど、ハードルの高いお仕事はありません。「いざとなればなんでもやっておカネを稼いでやる」と言っても、何をどうしても容易く稼ぐことができないのが、おカネというものの難しさなのです。それを、ただひたすらにおカネへの

金銭欲に取り憑《つ》かれて
困った時には、「おカネが余って
頭がおかしくなりそうで困る」
と他人に向かって言って
みてごらんなさい。

欲望に取り憑かれることは、先に述べたように自分の背中を見ることができる、自分の死んだ姿が見られる、鳥のように自分の体だけで飛べる、との妄想をあたかも実現できると思い込むような愚かなことです。

人間の名誉は、求めたからといって得られるものではありません。得るためには、人知れぬ努力の歳月が必要となります。莫大な遺産を相続するとか、十億円の宝クジに当たるという夢も、得ようとして手に入れられるものではないのです。それらはすべて運次第です。私たちの幸福を、そんな奇跡のようなことに委ねていいはずがありません。直接自分の背中を見ることができる、と信じて四苦八苦している人を見たら、あなたさまはどう思われるでしょうか。「なんと馬鹿なことを」と一笑に付すことでしょう。

意味もなく、おカネへの欲望をたぎらせることは、いわば直接背中を見ようと四苦八苦しているようなものです。欲しい、欲しい、といくら願っても、見たい、見たいといくら願っても、自分の背中を見ることができないのと同じように、無駄で馬鹿げたことなのです。節度のない人間ほど醜《みにく》いものはありません。自分だけは絶対に死にたくない、と不老不死を願って狂奔している人間を見たら、どんな印象を抱くでしょうか。なんと見苦しいことよ、と目を背《そむ》けるに違いありません。

もしあなたさまが根拠もなく、おカネへの強い欲望を持たれるならば、それは「一生死にたくない」と大騒ぎをしているようなことなのです。おカネ、おカネ、と欲ボケした生き方はたいがいにしなければなりません。傍目《はため》から見れば、自分の力で空を飛べると信じてビルの屋上から飛び降りようとするがごときで、もはや正気の沙汰ではないのです。


おカネ、おカネ、とおカネに取り憑かれたような人間に出会うと、私が決まって言う台詞があります。それは、「おカネが余って、はたしてどう使っていいか、頭がおかしくなりそうで困っている」です。相手はこの言葉を聞いて、半信半疑の表情をします。かなりの人が、監督は実のところはヤッパリ相当なおカネを隠し持っていたのか、と驚きを隠せない表情を見せます。もしそれが本当ならば、いくらでもいいから是非そのおカネを回してほしい、と身を乗り出して目をキラキラさせるのです。

いっぽう、なんという身のほど知らずな冗談を言うのだ、と笑い出す人間がいます。頭がおかしくなるほどのおカネを持っているワケがないだろうに、よくもそんな強がりを言えたもんだ、とおかしくて仕方がないからです。笑い出す人間は、おカネへの謂《いわ》れなき妄執を持っていない証拠です。

目をキラキラさせて期待に胸を膨《ふく》らませている人間には、さらに「おカネを有り余るほど持っていることが、こんなに苦しいものとは思わなかったよ。ああ苦しい、苦しい」とさも苦しそうに大袈裟なタメ息をついてみせます。

ここにきて、期待に胸を膨らませていた人間は、ハッとして我に返ります。つい「おカネが余って頭がおかしくなりそうで困る」との言葉を真《ま》に受け、身を乗り出した自分の浅ましさが恥ずかしく思えてくるのです。

おカネ、おカネ、とおカネを見境なく追い回している自分の醜悪な姿を知ることができる、いい機会となるのです。

「おカネが余って頭がおかしくなりそうで困る」の私の言葉は、守銭奴になりなさんなよ、という戒めのメッセージと受け止められて、その後、私の前ではおカネのことを口にしなくなります。あなたさまも、おカネの欲望に取り憑かれて自分のコントロールがきかなくなった時には是非、この「おカネが余って頭がおかしくなりそうで困る」の言葉を他人に向かって言ってみてください。不思議なほどにおカネに執着していた自分が馬鹿馬鹿しく思えて、霞《かすみ》がかかっているようだった周囲が、まるで急に日の光が差したようにスッキリとして見えてくるはずです。

ありもしないことに身を削ることほど、人生の不幸はないのです。

40 おカネがない幸せ

人間には不幸か、貧乏か、病気が必要だ。でないと人間はすぐに思い上がる。
——ロシアの作家　イワン・ツルゲーネフ

高校を卒業して上京し、水商売で働いて最初に得た一カ月分の報酬は一万八千円でした。一日十二時間、月に二回ほどしか休まずに働いた結果が一万八千円の収入でした。その時初めて、母親が朝から夜遅くまで働いておカネを稼ぎ、育ててくれた凄さを知ったのです。

母ちゃんは、俺の小遣いや学校にかかる費用、家族の生活費を女手一つでよくも稼いで育ててくれたものだ、と心からの感謝の気持ちを持ちました。そしてこれからの人生、一生働いて自分が稼いでいかなければならないかと思うと、正直なところ足のすくむ思いがしたのです。それまで中学時代から新聞配達や牛乳配達といったいろいろなアルバイトをして「小遣い稼ぎ」をしてきましたが、自分の生活費を全部まかなうために働いたのははじめてだっ

四度の文無し経験を経て、
「足《た》るを知る」を学びました。
三食足りて寝るところさえあれば
人間は何の不自由もないのです。

たのです。これからの長い人生をずっと働き続けなければならない現実を前にして、たじろいだのでした。

社会に出てからは、貧乏だった少年時代の暮らしに二度と戻りたくない、との思いに背中を押されて、ひたすら走り続ける日々でした。失敗を何度も経験し、一文無しに何度も逆戻りする、ジェットコースターのような人生でした。最初の一文無しは、東京に出てすぐ経験しました。一週間ほど、職のあてもなく、上野公園で寝泊まりしているうちに文無しになったのです。

二度目は、それから二年ほど経った時でした。お店で親しくしていた先輩がマネージャーと喧嘩をして辞めるというので、それなら俺も辞める、と男気を出して一緒に辞めました。十日ほど、ともに安い旅館暮らしをしましたが、たちまちのうちに有り金が底をつき、吉祥寺《きちじょうじ》の公園で野宿をする羽目になりました。野宿をして二日目のことです。先輩が意を決したような表情で、「俺はこれから知り合いの銀座《ぎんざ》のゲイバーのママのところに行ってくる。それが一番手っ取り早い」とゲイバーのホステスになることを宣言したのです。

先輩は男の私から見ても鼻筋の通った、歌舞伎役者にでもしたいような美形でした。人気者になるに違いないことが予想できました。「お前も一緒に行こう」と誘われましたが、断りました。オニガワラのごとき自分の面相では、とても務まらない、と思ったからです。マツコ・デラックスさまのご活躍を見る、はるか四十年近く前のことです。先輩と別れてから新聞の求人広告欄を見て、私はまたバーテンダーの仕事に戻り、二度目の野宿生活とオサラバしました。

三度目は、北海道で英会話教室を開いていた時です。法務省札幌入国管理局から「不法滞在の外国人を教師として採用しているのは法律違反であるから、即刻雇用をやめるように。さもなくば逮捕する」との警告を受けました。急な英会話教室の閉鎖で生徒への授業料の返還等の費用がかさみ、一文無しになりました。

四日ほどアパートで何も食わずに引きこもっていましたが、空腹にたまりかねて友人に連絡を取り、おカネを借りるためにすすきのに出かけました。待ち合わせの場所に二時間経っても友人は現れず、待ちぼうけを喰《く》らって深夜、新琴似《しんことに》にあったアパートまで零下二十度の雪降る「しばれる道」を一時間半近く、ふらつく足を踏みしめて帰りました。そして灯油も買えない寒い部屋で、布団にくるまって震えていたのです。

そして四度目は、ダイヤモンド映像を倒産させた時です。地下鉄の初乗り運賃の百数十円足らずの小銭がなくて、三軒茶屋《さんげんぢゃや》から市谷《いちがや》まで夜の道をこれまた二時間かけて歩きました。自家用車のロールス・ロイスやベンツで何度も通った道を、明日の暮らしのおカネの目途《めど》がまったくないままに、鉛《なまり》のように重い足を引きずってのろのろと進みました。

ファミリーレストランの前を通った時です。お店の中で小さな男の子と両親という三人連れの家族が、テーブルを囲んで笑っている姿が窓越しに見えました。どこにでもある幸せな家族団欒のひとときです。眩《まぶ》しく感じました。幸せを掌の中にしっかり摑まえている家族の笑顔が、とても羨《うらや》ましく感じられてなりませんでした。テーブルの上に並べられている料理の数を見て、「少なくとも三千円はするだろう」と考えました。三千円のおカネを夕飯時に使う、その家族が王侯貴族のように見えたのです。いつになったらあんな豪華な食卓を囲む時間を取り戻せるだろうか、と底なし沼に堕ちるような喪失感を覚えたものです。

こうした経験を経て、三食足りて寝るところさえあれば、他に何の不自由があるか、という諦観の念を持つようになりました。順風満帆な人生なんかない、そんなことはありもしない不老不死を願うようなものだ、と理解できるようになったのです。

いくらおカネを持っている人を見ても、凄いとか羨ましいとか思うことはありません。負け惜しみで言うのではありませんが、お金持ちを見ると、「この世に何十億、何百億円ものおカネを遺して死んでいかなければならないなんて、拷問だろうに」とさえ思うのです。耐え難きを耐えて生きてきたことで、物より心が満たされるありがたさが骨身にしみてわかるようになりました。

ホームレスや貧しい人、苦しい人を見ると他人事《ひとごと》とは思えずに、大丈夫かしらん、と思い遣る心を持てるようになりました。年商百億円、飛ぶ鳥を落とす勢いであった時代、あのまま、足るを知らずに欲望の赴くままに突っ走っていたら、今頃は健康を損ねて命がなかった、と思うのです。「足るを知る」ことを学んだことは、なによりの財産となりました。人生が苦しいのは当たり前、苦しみやトラブルがやって来ると、「これが当たり前」と、動じることがなくなったのです。

楽に生きたいと思う心こそ災いのもと、なのです。生まれた時の自分の姿かたちや家庭の経済状況を考えれば、もともとこの世は不平等にできていることがよくわかります。しかし貧乏人が貧乏のままなら人類の進歩はありませんでした。草履《ぞうり》取りが明日は天下人の秀吉《ひでよし》になるからこそ人生はおもしろいのです。

人生をおもしろく生きるためには、どうすればいいのか。おカネの損得だけで生きていてはつまらない人生を送ることになります。

自分で自由に想像してエクスタシーに到達できるオナニーこそが、本来最も満足できるものだといいます。それを人間を相手にするＳＥＸで、より大きな快楽を得たいと考えれば、おカネに糸目をつけないことです。チマチマとケチって安いおカネを使えば、安い快楽しか得ることはできません。おカネを湯水のごとく使って無駄遣いとならないのは、ＳＥＸの相手に対してだけでございます。

41 おカネの愛し方

仕事の報酬は仕事である。
——王子製紙初代社長　藤原銀次郎《ふじわらぎんじろう》「愉快に働く法十カ条」より

お金持ちになるコツは言わずと知れた、入《い》るを量《はか》りて出《い》ずるを為《な》す、ですが、この「入るを量る」ことはなかなか難しいことです。「入るを量る」といっても、思うようにおカネが入ってこないからです。お金持ちになった人たちは、黙っていても流れに乗って自宅の庭におカネが集まる「川」を持っています。つまり、おカネが自分に向かってくるシステムを作ればいい、というわけです。

毎日、一から賽《さい》の河原《かわら》の石積みのようなことをやっていては、お金持ちになることはとうていできないということです。加えて必要なことは、誰もやってこなかった分野で先駆けることです。そうすることで、他に真似できない儲かるシステムを構築できて、成功まちがいなし、となるのです。

誰もやってこなかったアダルトグッズの分野で大成功を収めている友人がいます。彼の経営する「大人のおもちゃ」の問屋は、日本一の売り上げを誇っています。問屋のみならず、都内一等地の新宿で直営店も経営しています。店は品ぞろえが豊富で、新宿の繁華街にあるため、多くの外国人客が訪れます。訪日外国人の間でも、ネットから評判が拡散し、来客の八割は中国やタイや台湾といった、主にアジアの外国人客で占められている有名店です。

経営者のN氏は私と同年代の男ですが、有名私大を卒業して、某テレビ局に就職しました。N氏は学生時代から読書が好きで、数千冊の書籍を、借りていたアパートに所蔵していました。忙しいテレビ局勤務のさなかでも暇を見つけては読書に耽《ふけ》り、いかに生きるべきかの哲学的思考に没頭していたのです。

彼は自分ほど知識を蓄積してきた人間はいない、と自負していました。あくせくと出世を考えて働いている同僚を見ても軽薄な奴ら、とハナから馬鹿にしていました。俺は君たちと違って、人間の真の生きる意味を哲学的考察により人類ではじめて明らかにする人物になっ

おカネではなく
仕事を追いかけて、
ひたすら仕事を愛すのです。
最後の結果でしかないおカネの
順番を先に持ってこないことです。

てやる、と上から目線で見ていたのです。

N氏の自信の裏付けとなっていたのは、部屋の中に所狭《ところせま》しと堆《うずたか》く積まれた書籍の数々でした。N氏いわく、頭でっかちの鼻持ちならない人間だった、のです。そのN氏の高慢な鼻をヘシ折る「事件」が起きます。日曜日の午後、図書館から戻ると、N氏の住んでいたアパートが燃えて、跡形もなくなっていたのです。N氏が外出していた四時間ほどの間にアパートの別の部屋から出火し、全焼してしまったのでした。N氏のプライドの源泉であった愛蔵書もすべて灰になっていました。

N氏は自分を支えていた書籍が灰になってしまった現実を目の当たりにし、言葉がありませんでした。自分の人生は終わった、とさえ思いました。しかし、N氏はハッと気づいたと言います。自分のすべてだと思っていたものの正体が、アッという間に灰になってしまう〝物〟でしかなかったことを知り、愕然《がくぜん》としたのです。「俺はこんな、燃えて灰になるようなものの何を支えに生きてきたのだ」と、激しく自分を責めたと言います。

形あるものはすべてなくなる、これから先の人生は「形を超えて残るもの」にすべてを懸けよう、と決意したのです。「形を超えて残るもの」とは何か。N氏はその結論を、人間の感動や喜び、と考えました。喜びと言えば「大人のおもちゃ」に尽きる、とN氏は短兵急《たんぺいきゅう》に「大人のおもちゃ」の仕事で身を立てることを選択し、テレビ局を辞めて「大人のおもちゃ」業界に転職したのです。

それから苦節四十年、N氏は業界では知らぬ者がない、日本一の「大人のおもちゃ」問屋の経営者となりました。しかもN氏は、その地位に甘んじることなく、自ら新商品の開発に携《たずさ》わり、数々のヒット商品を生み出したのです。

「飛《と》びっ子《こ》」という商品があります。ピンクローターを無線で操作する、というスグれモノで、好評を博し、それ専門に遊べる「とびっこ」なる名前の風俗店までオープンしました。

私と一緒に五年の歳月をかけて研究し、五千人近くの女性の性器のデータから作り上げた「名器の品格」という商品もあります。この商品は日本のみならず世界でスーパーヒットとなり、その利益でN氏は五階建ての新社屋を建てたほどです。

もはや笑いを止めるのにヒザに五寸釘を突き刺さなければならないほど苦労しているN氏ですが、前述したように、おカネへの貪欲さによって「大人のおもちゃ」の仕事が成功したのではありません。ただひたすらに、物ではなく人間の感動や喜びを届ける仕事をしたい、との熱意が成功に結び付いたのでした。

N氏は商品発送や倉庫用の自社ビルを都内各所に持ち、「大人のおもちゃ」業界では並ぶ者がない資産家、おカネに愛された人間になっています。それはおカネを愛したからではなく、お客さまに喜びを与える「大人のおもちゃ」の「仕事を愛した」からで、お金持ちになったのは、その「結果」でしかありません。

どうしたらおカネに振り回されないで生きていけるか。そのためには、おカネではなく仕事を追いかけて、ひたすら仕事を愛すのです。主体的におカネと付き合う方法は、最後の結果でしかないおカネの順番を先に持ってこないことです。おカネに愛されたいと願うなら、それを運んでくれる「お客さまに愛される」ことを心がけなければならないのです。

42　幸せを摑むには

物欲の度が過ぎるようになると、物欲は人を奴隷のように使いはじめ、休みさえ与えてくれない。

――ドイツの哲学者　フリードリヒ・ニーチェ『漂泊者とその影』より

二〇一八年、米国の動画配信企業Netflix（ネットフリックス）から、「あなたの人生を書いた『全裸監督　村西とおる伝』（本橋信宏著、太田出版刊〔現・新潮文庫〕）を弊社でドラマ化したい。ついてはご協力いただけないか」とのお申し出をいただきました。「あなたのような奇想天外な人生を生きている人物の生きざまこそ、私たちが世界に発信したいドラマです」との熱い思いに絆《ほだ》され、「そこまで惚れられたのなら」と快諾いたしました。

Netflixは当時、日本に上陸して三年ほど。しかし、日本発の作品で好評を博したものはありませんでした。「起死回生のメイド・イン・ジャパンの映像を」と考えた日本側スタッフは、米国本社に「ヤクザもの」「ハイスクールもの」「壁ドンラブストーリー」を提案。そのことごとくが、人種や宗教を超えた世界百九十カ国の視聴者に訴求するにはパンチ不足、と却下されました。

かくなるうえはと、「恥ずかしながら、日本にはこんな愚か者がおりますが……」と『全裸監督 村西とおる伝』を提案したところ、米国本社のCEOは「いたじゃないか、日本にも。視聴者をワクワクさせる男が」と二つ返事でOKしたという次第です。

その後、「村西とおる役」を誰に演じてもらうか、との相談がございました時、私が「福《ふく》山雅治《やまさはる》さまが相応しいでしょう」と申し上げると、傍で聞いていた当方事務所の女社長に「アンタはバカか。天○よしみさんの自伝ドラマを作るのに、北川景子《きたがわけいこ》さんを指名するようなもんだよ」と呆れられてしまいました。

そして、「カメレオン俳優」として知られる山田孝之《やまだたかゆき》さまが名乗りを上げられ、主演を演じられることになりました。撮影に入る前にお話しする機会がありましたので、山田さまに「AV監督など演じられると、CMその他のお仕事に影響しませんか」と質問したところ、

幸せを掴むには
世のため、人のために働くこと、
そして、自ら努力する以外に
道はありません。

「関係ありません。私はＣＭタレントではなく俳優です。自分が演じたい役があれば、何であれ挑戦することにしています」とキッパリと答えられました。

世間に知られて人気者になるのは、ＣＭに出演して巨額のギャラを手にするため、という今時の芸能人とは、月とスッポンの見事な役者魂の持ち主でした。

こうして二〇一九年八月、Netflixにて「全裸監督」が世界同時配信されると、延《の》べ約六億人の方にご覧いただき、大変な反響とご好評を賜《たまわ》りました。経営陣をして、「我々はとんでもないことを成し遂げた」と言わしめました。これも銭金《ぜにかね》を度外視して、お客さまに喜んでもらえるものを作りたいという、制作スタッフや監督、山田さま他出演者たちの情熱がもたらした成果です。

ただ、残念なことが一つあります。巷では、「全裸監督」で一千億円を超える収益を上げたNetflixから支払われるであろう私へのギャラは三十億円などと囁かれておりますが、残念なことに、今もって銀行口座をお尋ねになってこられないのです。なんとも歯がゆくてなりません。

日本の実写映像がこれほど多くの人たちに称賛をもって迎えられたのは、黒澤明《くろさわあきら》・三船《みふね》敏郎《としろう》コンビ以来のことです。それまで、海外における日本の有名人と言えば、別格の天皇陛下に続き安倍晋三《あべしんぞう》前総理、イチローの順でしたが、最近では天皇陛下の次に不肖《ふしょう》村西とおる、菅義偉《すがよしひで》総理、大谷翔平《おおたにしょうへい》の順番になっているとの噂でございます。そのうち、渋沢栄一《しぶさわえいいち》翁に続いて二万円札になるのでは、との観測も聞こえております。我が女房ドノは「今度は偽札作りで捕まるつもり?」と眉《まゆ》をひそめるのですが……。

そして二〇二一年六月二十四日、「全裸監督2」が世界同時配信されました。今後、どのような新しい波を世界で起こしてくれるのか楽しみです。

今や、Netflixの株式時価総額は二四兆円を超え（二〇二一年六月一日時点）、ウォルト・ディズニー・カンパニーなどと並ぶ、世界有数のエンターテインメント企業に成長しています。その驚異的躍進ぶりから、米国では近い将来「GAFA（Google・Apple・Facebook・Amazon）」を超える最強企業になるとの見方もされています。

一九九七年の起業から二十四年で、ここまで成長させた共同創業者の一人でCEOのリード・ヘイスティングスは、「私たちの目的は視聴者を死ぬほど興奮させて楽しませること。だから、これからの競争相手は視聴者の睡眠時間です」と語っています。

日本では、AV監督の半生記はコンプライアンスに引っかかる、と忌避されるところを、「おもしろいことが最大の価値」と、お客さま目線で限界に挑戦するその姿勢が、多くの視聴者の支持を得たのです。コンプライアンスにがんじがらめとなっている日本のテレビ局・映画会社に取り戻してもらいたいのは、この「お客さまあっての」という視点です。

世間の常識に惑《まど》わされることなく、いつもお客さまのニーズに心を配るという、「言うは易く行なうは難し」の商売の常道を愚道に歩み続け、一号店の開店以来三十二年間、増収増益を達成している企業が「ドン・キホーテ」です。創業者の安田隆夫《やすだたかお》氏とは、縁あってこれまで何度かお会いさせていただく機会がございました。

ある時、安田会長に「成功の秘訣は何でしょうか」と不躾《ぶしつけ》な質問をいたしましたところ、「私はIT産業に代表される、トレンドを追うニュービジネスには目もくれず、ひたすら小売業という伝統的産業の世界で汗をかいてきましたが、このポジションは将来何があってもそう簡単に揺らぐことはないと信じています。私は、ドン・キホーテの売場を、お客さまにはジャングルを探検するような期待感をもって楽しんでほしい、との思いで作り上げました。お客さまが店内に一歩足を踏み入れたら、商品が所狭しと並べられ、ワクワク・ドキドキするような、いわば店内をエンターテインメントの劇場と考え、売場演出をしています。とにもかくにも、ドン・キホーテに来たら『思わず買いたくなるお祭りの場』を提供する努力を重ねれば、結果、それが一番儲かる方法なんです」と熱く語られました。

Netflixやドン・キホーテの経営者の頭にあるのは、お客さまをいかに喜ばせるかを最優先にして、その後に自分たちの利益がもたらされるという、見事なまでの「お客さま第一主義」の考えです。

物欲は悪ではありません。物欲は働いて金を稼ぐことを促し、その富によって豊かな暮らしを送れるばかりか、自由と自立を手に入れることができます。しかし、物欲の手下と成り下がれば、精神の安らぎや気高《けだか》い理想は失われます。たとえ、金銭的に豊かになっても、内面は鼻持ちならない貧しい人間が出来上がります。よって、私たちはお金持ちになりたければ、キレイゴトではなく、まずは「世のため、人のためになることを優先して働く」ことを心に刻まなければなりません。

「一個人がいかに富んでいても、社会全体が貧乏であったら、その人の幸福は保証されない。その事業が個人を利するだけでなく、多数社会を利《り》してゆくのでなければ、決して正しい商売とはいえない」（実業家　渋沢栄一）

私たちが幸せを摑むには、自ら努力する以外に道はありませんが、「お客さまあっての商売」を忘れたところには、利が生まれることはないということです。ナイスですね。

おわりに――僭越ながら最後にお伝えしたいこと

「悲観主義は気分によるものであり、楽観主義《オプティミスム》は意志によるものである」（フランスの哲学者　アラン『幸福論』より）

これまでの人生で経験してきた、おカネに関するさまざまなエピソードをお話ししてきました。おカネというものの正体を探す旅はこれで一休み、となります。おカネがあなたさまの人生でどんな意味を持っているか、この本がその答えを見つける手助けとなることを望んでいます。

私にとってのおカネとは、あればあったで困らないもの、です。父親は傘修理の行商人であったことは本文で記しましたが、おカネは言うなれば、人生の雨露《あめつゆ》を凌ぐ傘のようなものです。それ以上でもそれ以下でもなく、ないからといって、もはや絶望することはありません。

人生、おカネで得られるものなどたいしたものではない、と理解できるようになったからです。かえっておカネがあることで、人生で最も大切な「自由」を奪われている人たちを見て、お気の毒にさえ思います。おカネで買えるものなどたかが知れている、と思えるようになったことは、おカネを失うことで手に入れられた「最も大きな買い物」のような気がするのです。

私が手放したくないのは「負けない心」です。人生に逆境はつきものです。順調に何のトラブルもない人生など皆無と考えます。どんな向かい風が吹いていても、前へ前へと進んでいけるヨットの操舵手《そうだしゅ》であることができたなら、これ以上の幸福はないのです。

ソフトバンクグループの孫正義《そんまさよし》会長やユニクロを擁《よう》するファーストリテイリングの柳井《やない》正《ただし》会長は、一代で数兆円を超える巨額な富を手にしています。しかし、「あんなにとてつもないおカネを持ったら生き地獄ではないだろうか」と同情してしまいます。あの世にはその財産の、ごくほんの一部であるティッシュペーパー一枚すら持っていくことができないのに、あれほどの財産をこの世に遺して逝かなければならないなんて、死んでも死にきれないと心が千々《ちぢ》に乱れておられるのではないかと想像するのです。

モノやおカネを持つことで、本来自由であるはずの心が、そのために制約を受けたり、鎖《くさり》に縛り付けられたように身動きできなくなるなんて、何の因果だろうと同情を禁じえないのです。人一倍以上のおカネを持つことにより、天はそんな仕打ちを与えるのか、と呆然とします。

「あなたはおカネを持っていますか」と問われれば、答えは一つです。「いえ、私はおカネ以上の財産を持っています」、そう言って胸を張ることができます。

「AVの帝王」と言われています。また多額の借金を背負って這《は》い上がってきたことから「逆境に強い男」との過大なるご評価もいただいています。ただ溺《おぼ》れないように必死にもがいていただけなのに、です。お気に入りの言葉があります。人はまた私のことを「全裸監督」とも呼ぶのですが、私はそれを、服を脱いでAVの監督をする男、との意味だけに受け取っていません。素っ裸の体一つの他に何も必要としない男、裸一つの無一文になってもけっして失望せず、不屈の闘志をその心の奥に宿している男、と解釈しています。

あきらめることをしない不屈の男、とはずいぶんとカッコいい言葉ですが、実際の私は意気地なしです。ただ、あきらめてしまえば食事もできなくなり、住む場所さえも奪われてしまうから、必死になってしがみついてきただけなのです。結果として、人はそんな私を「しがみついている男」とは言わず、「逆境に強い男」と言ってくださるのですから、そのかいかぶりにはこそばゆい思いをしています。

ただ、私のような、這いつくばって生きてきた人間を知ることで、下には下がいる、まだまだ自分は大丈夫だ、と勇気を振り絞っていただけることが、私の存在の意義と心得ています。苦しい人生の試練に立ち向かっている人たちが、私の存在を知ることで「まだまだやれる！」との情熱やヤル気を心の内に抱くことができるなら、ありのままの自分をいくらでもご開帳できるというものです。

私たちはいろいろな武器を持って社会と闘っています。学歴や資格や閨閥や、いささかのおカネ、といった武器を、です。しかし最強の武器は、「いつか必ず幸福を手にしてみせる」という心です。何があっても「折れない、めげない、負けない心」以上の武器はないと考えます。

どんなに大成功を収めたお金持ちでも、最後は必ず挫折を迎えて人生を終えることになります。「死」という挫折です。人間は生きているうちは誰でも希望を持って生きています。不治の病で病床にある人も、いつかきっと、必ずもう一度、健康を取り戻して元気になれる、との希望を捨てることはありません。しかし無慈悲にも、「死」は必ず、億万長者にも、ホームレスにも、他人のために人生を捧げた慈愛の人にも、生きとし生けるものすべて、誰の身の上にも等しく訪れます。人類の歴史で、「死」という挫折から免れた人間など一人もいないのです。そう考えれば、泡沫《うたかた》の人生の成功や失敗などは取るに足らないものだ、と静かな心を取り戻すことができます。

生まれつきの不平等など、人生は不公平じゃないかと絶望するのは愚かなことです。極貧の家に生まれたことをバネに社会で活躍している人など、いくらでもいるのですから。マイナスはプラスに変えられるものだ、との積極的な考えを持つことが肝要です。

授からない運やおカネはいくら求めても授からないのだ、と考えてください。鶏は孵化《ふか》して育てる望みがないのに、毎日タマゴを産み続けています。人間ができることには限りがあります。魚は地上を走ることができず、人間は鳥のように空中を飛ぶことはできません。空高く舞い上がる鳥も、海中深く潜ることはかなわないのです。なんでもできる、と自惚《うぬぼ》れるべきではないのです。やれることなど限られているのです。足らざるを当たり前、と思えば、不平不満を持つことなくいつも心穏やかでいることができます。

おカネに恵まれず、貧しい人生を送ることを余儀なくされても、その結果、おカネ以上に大切なものを手に入れていることに気づいてください。それは汲めども尽きぬ井戸の水のように、何度倒れても倒れても起き上がる、起き上がり小法師《こぼし》のように、めげない心です。めげなければめげないほど自信が湧いて、そのめげない力は大きくなります。

おカネは使えばなくなりますが、めげない心はそうした経験を積み重ねるたびにいくらでも大きく、豊かになるのです。

先日、三十代の若い青年から、「おカネがない時にどうやって誠意を示せばいいのか、おカネがない時はどうやって信用を得たらいいのか」との質問をいただきました。ご存じのように、相手の心はそう簡単に変えることはできません。が、おカネがないからといって卑屈にならず、逃げないことです。たまたま時の運でおカネがないのであって、一生貧乏というわけではありません。

他人はおカネであなたさまを判断しているように思うかもしれませんが、実際はおカネより、あなたさまのその人間性を見ています。おカネに負けないで、けっして逃げることなく、いつまでも誠意を示す人間であることを相手に知ってもらうことができれば、誤解は必ず解けて信用の回復ができるのです。

信用とは、おカネのあるなしではなく、その約束を守るためにいつまでも「折れない、めげない、負けない心」の持ち主でいられるかどうかにかかっています。一を言ってわかってもらえなければ十を言い、百までも言う根気と情熱さえあれば、失われた信用を必ず取り戻すことができます。自分の余計なプライドや我慢のなさを優先して、わかってもらうための努力を放棄するから信用してもらえないのです。

ハワイで勾留生活を送った時にお世話になった天台宗《てんだいしゅう》ハワイ別院の荒了寛《あらりょうかん》和尚（二〇一九年逝去）は、人間の傲慢さを指して、「こちらも悪かったと言えば、大抵のことは収まる」と戒められています。

おカネ以上に価値のある輝く黄金とは、今は苦しくて貧乏であっても、いつか必ずいい日が来ると信じ、めげることのない心、のことなのです。

この本で、「おカネとの向き合い方」を探す小さな旅をしばし、ご一緒させていただきました。おカネへの執着から解き放たれて自由に生きることこそ、おカネに代えられぬ価値がある、ということを理解していただければ、これに勝る幸せはありません。

「この宇宙には、ただ一カ所だけ修繕のきくところがある。それはあなた自身だ」(イギリスの作家　オルダス・ハクスリー)

村西とおる

切りとり線

★読者のみなさまにお願い

この本をお読みになって、どんな感想をお持ちでしょうか。祥伝社のホームページから書評をお送りいただけたら、ありがたく存じます。今後の企画の参考にさせていただきます。また、次ページの原稿用紙を切り取り、左記まで郵送していただいても結構です。

お寄せいただいた書評は、ご了解のうえ新聞・雑誌などを通じて紹介させていただくこともあります。採用の場合は、特製図書カードを差しあげます。

なお、ご記入いただいたお名前、ご住所、ご連絡先等は、書評紹介の事前了解、謝礼のお届け以外の目的で利用することはありません。また、それらの情報を6カ月を越えて保管することもありません。

〒101-8701（お手紙は郵便番号だけで届きます）
祥伝社　新書編集部
電話03（3265）2310
祥伝社ブックレビュー　www.shodensha.co.jp/bookreview

★本書の購買動機（媒体名、あるいは○をつけてください）

＿＿＿＿新聞の広告を見て	＿＿＿＿誌の広告を見て	＿＿＿＿の書評を見て	＿＿＿＿の Web を見て	書店で見かけて	知人のすすめで

★100字書評……裸の資本論

名前

住所

年齢

職業

村西とおる　むらにし・とおる

本名・草野博美、職業・AV 監督。1948年、福島県生まれ。高校卒業後に上京、バー「どん底」勤務。グロリア・インターナショナル日本支社に転職し、英語の百科事典のトップセールスマンとなる。1980年、ビニール本・裏本の制作販売に転じ、北大神田書店グループ会長に就任するが、猥褻図画販売目的所持で逮捕、全財産を失う。AV 業界に進出して、1988年にダイヤモンド映像を設立、最盛期の年商は100億円。1992年、衛星放送事業の投資に失敗、負債総額50億円で倒産する。各種ビジネスを経て借金を完済。2019年、自身がモデルとなった Netflix のドラマ「全裸監督」が大ヒット。2021年、同「全裸監督2」配信。著書に『禁断の説得術　応酬話法』『人生、死んでしまいたいときには下を見ろ、俺がいる。』など。

裸《はだか》の資《し》本論《ほんろん》
——借金返済《しゃっきんへんさい》50億円《おくえん》から学《まな》んだおカネの法則《ほうそく》42

村西《むらにし》とおる

2021年７月10日　初版第１刷発行

発行者……………… 辻 浩明
発行所……………… 祥伝社《しょうでんしゃ》
〒101-8701　東京都千代田区神田神保町3-3
電話　03(3265)2081(販売部)
電話　03(3265)2310(編集部)
電話　03(3265)3622(業務部)
ホームページ　www.shodensha.co.jp

装丁者……………… 盛川和洋
印刷所……………… 萩原印刷
製本所……………… ナショナル製本

Printed in Japan　ISBN978-4-396-11633-0　C0276